Mary Horsley

O ENEAGRAMA do espírito

Para ficar de bem com a sua personalidade
e entender melhor as pessoas

Tradução:
MARTA ROSAS

EDITORA PENSAMENTO
São Paulo

Título original: *The Enneagram for the Spirit.*

Publicado pela primeira vez na Grã-Bretanha em 2005 por Gaia Books, uma divisão da Octopus Publishing Group Ltd., 2–4 Heron Quays, Docklands, Londres, E14 4 JP.

Dados Internacionais de Catalogação na Publicação (CIP)
(Câmara Brasileira do Livro, SP, Brasil)

Horsley, Mary
O eneagrama do espírito : para ficar de bem com a sua personalidade e entender melhor as pessoas / Mary Horsley ; tradução Marta Rosas. -- São Paulo : Pensamento, 2006.

Título original: The enneagram for the spirit
ISBN 978-85-315-1472-2

1. Corpo e mente 2. Eneagrama 3. Personalidade 4. Tipologia (Psicologia) I. Título.

06-7014 CDD-155.26

Índices para catálogo sistemático:

1. Eneagrama : Tipologia : Psicologia 155.26

O primeiro número à esquerda indica a edição, ou reedição, desta obra. A primeira dezena à direita indica o ano em que esta edição, ou reedição, foi publicada.

Edição	Ano
1-2-3-4-5-6-7-8-9-10-11	07-08-09-10-11-12-13

Direitos de tradução para o Brasil
adquiridos com exclusividade pela
EDITORA PENSAMENTO-CULTRIX LTDA.
Rua Dr. Mário Vicente, 368 — 04270-000 — São Paulo, SP
Fone: 6166-9000 — Fax: 6166-9008
E-mail: pensamento@cultrix.com.br
http://www.pensamento-cultrix.com.br
que se reserva a propriedade literária desta tradução.

Sumário

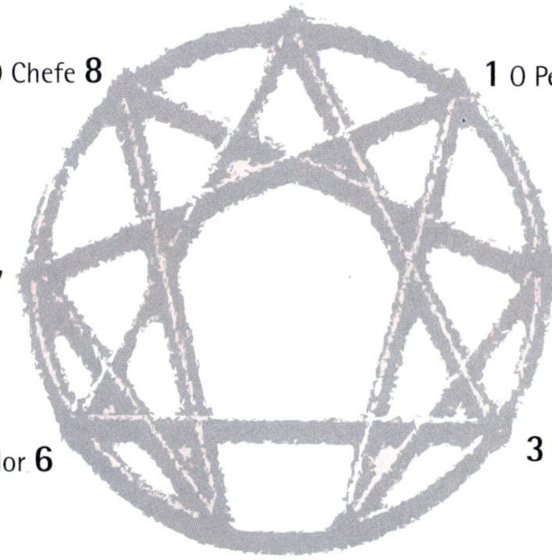

O Mediador
9
1 O Perfeccionista
2 O Doador
3 O Realizador
4 O Romântico
O Observador 5
O Questionador 6
O Epicurista 7
O Chefe 8

Nota da autora

Só quando de fato sabemos e compreendemos que o nosso tempo no mundo é limitado — e que não há como saber quando esse tempo se esgotará — é que começamos a viver ao máximo cada dia, como se fosse o único que temos.

Elizabeth Kübler-Ross

Passei a maior parte da minha vida adulta trabalhando na área do desenvolvimento pessoal, a começar pelo trabalho com crianças sem teto no East End londrino dos anos 60. Por ironia, acabei sendo relocada, com dois filhos pequenos, como sem-teto quando comecei minha especialização em yoga, no fim da década de 70. Ensinei yoga durante muitos anos e, no início dos anos 80, comecei a estudar a acupuntura (técnica dos cinco elementos) com o carismático J. R. Worsley e, em seguida, fui aprofundar meus estudos na Faculdade de Medicina Chinesa Tradicional de Guangzhou, na China. Sendo filha de um médico muito pouco comum — vegetariano, místico e contrário à vivissecção —, sempre tive consciência de que temos de assumir a responsabilidade por nossa saúde, tanto física quanto emocional, e por nossa vida também. O fato de ter conseguido sobreviver a um ataque quase fatal de malária aos trinta e poucos anos serviu para tornar isso ainda mais claro para mim.

Não muito depois disso, em 1984, conheci o Eneagrama por meio de um de seus maiores representantes nos Estados Unidos: a psicóloga e clarividente Helen Palmer, amiga do meu noivo norte-americano. Boa parte dos anos 60, ela passara ajudando recrutas a cruzar a fronteira para o Canadá para escapar do serviço militar na Guerra do Vietnã. E foi assim que os dois se conheceram, quando ele estava fugindo das autoridades. As conversas deles, desconcertantes, eram mais ou menos assim: "Bom, o cara é um Nove; não faz a menor idéia do rumo em que a coisa vai..." Ou assim: "...ele só quer que eu me defenda e lute; que fique à altura do Oito que ele é". Ficou claro que, se quisesse acompanhá-los, eu teria de aprender a língua deles.

Recebi uma pilha enorme de fotocópias do material que Helen e seu grupo de eminentes estudiosos do Eneagrama usavam em Berkeley, Califórnia. Ali estavam descritos nove tipos de personalidade distintos, e esse material era a base do que viria a ser o primeiro livro de Helen, *The Enneagram, the Definitive Guide to the Ancient System for Understanding Yourself and the Others in Your Life*.

Li, completamente fascinada, todo aquele material. Foi como se eu tivesse ganho a chave para o universo. Personagens do meu mundo saltavam das páginas. O mito de que somos todos iguais foi deflagrado ou, melhor, reescrito. Os nove tipos são iguais. Junte seis ou sete pessoas do tipo Um para falar de sua visão de mundo, e o resultado será comunhão. E era exatamente isso que Helen fazia. À maneira dos Sufis — os quais, acredita-se, foram os primeiros a expor o sistema do Eneagrama —, ela recorria à tradição oral para transmitir esse saber. Todo domingo à noite, ela fazia um seminário sobre o Eneagrama num dos amplos saguões de Berkeley. Seu modo de apresentar o material era convidar pessoas do mesmo tipo para uma mesa-redonda e entrevistá-las. O saguão ficava sempre lotado; parecia que havia centenas de pessoas interessadas em saber mais sobre o Eneagrama e em como se pode "domesticar" a personalidade para crescer. Chris, o marido de Helen, trabalhava duro organizando o evento, fazendo a apresentação e cuidando do som, da filmagem e da gravação em vídeo. Helen, no palco, criava sua magia quando entrevistava os convidados. Depois, os entrevistados e alguns poucos convidados iam fazer um lanche na casa dela, para continuar a conversa sobre o Eneagrama. Havia nessas reuniões uma coisa muito singular. As pessoas falavam abertamente sobre suas "paixões", as partes de suas personalidades que elas e os outros achavam difíceis de lidar. O que mais me impressionava era o grau de compreensão e tolerância que essas pessoas pareciam ter. Para elas, tudo bem ser quem eram; havia total aceitação e compaixão. Seria essa a solução para a incompreensão no mundo?

Comecei a aplicar as teorias do Eneagrama nos meus relacionamentos pessoais, em casa e no trabalho com meus pacientes de acupuntura, e fiquei espantada ao ver a perfeição com que elas se encaixavam. Eram idéias que se integravam a todas as áreas da minha vida, esclarecendo a natureza humana de uma forma que não tinha precedentes.

A discussão entre irmão e irmã no andar de cima está feia. A mãe ouve gritos; pisadas fortes escada abaixo sacodem as paredes do chalé.

"Ela 'aprontou' de novo", disse o filho.

"O quê? Qual é o problema agora?", perguntou a mãe já meio irritada. O que estava acontecendo não era nenhuma novidade para ela.

"O papel dela acabou, ela sempre pega do meu, não repõe, depois meu papel acaba, e eu fico sem nenhum quando preciso fazer meus deveres."

Mãe A: *"Pare com esse drama. É só um pouco de papel, qual é o problema? Dê o papel para ela e pronto."*

"Você sempre fica do lado dela; você nunca..."

A briga se arrasta por semanas, vindo à baila volta e meia como exemplo de favoritismo e falta de apoio. As relações entre mãe e filho ficam tensas, para dizer o mínimo.

Mãe B: *"Ah, que chato, meu filho! Sei de seu cuidado para não deixar faltar papel e aposto que ele está muito bem guardadinho. Mas o problema é que eu não tenho nenhum papel, e ela tem que entregar esse trabalho amanhã. Você me faz um favor? Empreste um pouco para ela agora que amanhã sem falta ela vai repor o seu. Vou falar com ela para se organizar e não deixar mais o papel dela acabar."*

"Tá, mãe."

O filho sobe as escadas, empresta o papel à irmã, volta para o quarto e começa a assoviar, satisfeito.

Pouco depois, comecei a estudar o Eneagrama, em Palo Alto, com Helen Palmer e o professor com quem ela dividia o curso, o psiquiatra David Daniels, da Stanford University Business School, onde o Eneagrama fora por muitos anos o tema do curso mais concorrido.

Cheguei para a primeira semana de treinamento de muletas, com o pé quebrado e dores excruciantes. Tendo planejado a viagem com um dia a mais para me recuperar do *jet lag*, resolvi ir até Point Reyes para ver o alce e me

Extremamente prático, o livro de Mary ajudará a todos aqueles que querem aprender sobre o Eneagrama, além de ensinar-lhes também a usar o próprio corpo. Desejo sinceramente tudo o que há de bom e melhor a este livro.

Helen Palmer

entusiasmei com o sismógrafo, no centro de visitas. Será que lá havia mesmo tantos tremores de terra o tempo todo? Ao descer um pequeno degrau, torci o tornozelo e quebrei o calcanhar, além de romper tendões e ligamentos. Orgulhosa demais para pedir ajuda, voltei mancando até o carro (que, felizmente, era automático) e me meti num dos famosos engarrafamentos de San Francisco. Cinco horas depois, cheguei à casa da amiga com quem eu ia passar aquela semana. No dia seguinte, entrei na sala do curso de muletas (a ironia da situação não me escapou). Sendo eu do tipo Dois, aquilo foi um suplício. Somos doadores generosos, não pedimos ajuda, nos orgulhamos de não precisar de nada. Por semanas a fio, tive de enfrentar tudo isso cada vez que precisei abrir uma porta. Mesmo na época, percebi que aquilo vinha a calhar, que era importante — se não essencial — para minha transformação. Quisesse ou não, eu teria de analisar o papel do orgulho na minha vida.

Infelizmente, levei 18 anos para aprender que meu filho era do tipo Um, um Perfeccionista, e que minha primeira reação deveria ser reafirmar a meticulosidade e o empenho com que ele faz cada coisa. Por sorte, tive uma segunda chance, uma oportunidade de construir uma relação melhor. Devo agradecer ao Eneagrama por isso. Devo agradecer a meu filho por me permitir perceber a integridade e a confiabilidade das pessoas desse tipo e a minha filha, que é do tipo Sete, por me lembrar que brincar também é preciso. Este livro é dedicado com todo amor a eles, a meus estimados professores Helen Palmer e David Daniels, a Barbara Turner-Vesselago, que me orientou na escrita, a Fred Lock, por ensinar-me yoga, a J. R. Worsley, pelos ensinamentos incomparáveis, ao Dr. Wang Xin Hua e a Keshe Lama Konchog.

Mary Horsley/Sangye Khandro
Outubro de 2004

Introdução e história

Quando vemos com clareza nossa verdadeira natureza,
todos os obstáculos à felicidade desaparecem,
revelando um júbilo interior que,
como uma flor, sempre estará pronto a reagir à luz.

Roy Whenary, *The Texture of Being*

O Eneagrama é uma estrela de nove pontas (enea- significa *nove* e -grama, *figura, registro*), composta por um triângulo e um hexagrama contidos num círculo.

O Eneagrama é um sistema de tipologia das personalidades cujas origens remontam aos tempos do filósofo grego Pitágoras e dos místicos sufistas. Ele identifica nove tipos de personalidade distintos, cada qual com uma visão de mundo, hábito de atenção e apresentação próprios.

Há muitos anos, caminhando pela floresta tropical do sul do Laos, me dei conta de todo o "entulho" que estava carregando comigo: câmera, binóculo, óculos escuros, roupas. Imaginei como seria o Homem Primevo, que caminhava nu pela floresta. A fantasia se desenrolava, e eu me via pegando uma pluma de cor viva para enfiar no cabelo e pintando a cara com o barro vermelho do chão da floresta. Construiria uma toca e decoraria a entrada com pedras especiais ou pedaços de madeira interessantes...

Todos nós somos pessoas singulares e a auto-expressão é inata. Porém, por ironia, ao mesmo tempo tendemos a achar que todo mundo vê as coisas como nós. Quantas vezes escutamos coisas como: "Bem, isso é o que ela faria, não?" ou "Todo mundo pensa assim e assado, não é verdade?" Para dizer a verdade, não — mas, para a compreensão adquirida por meio do Eneagrama é fundamental sabermos que, com quase toda a certeza, as pessoas que têm o mesmo tipo de personalidade fariam ou pensariam da mesma forma.

Os nove tipos

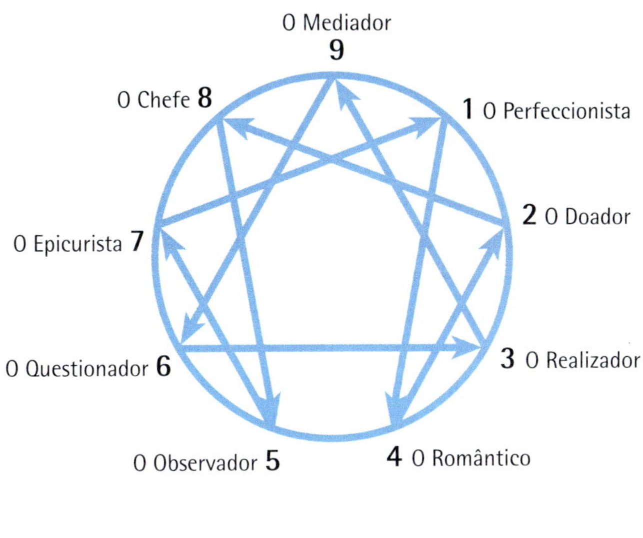

Paixões associadas

Hábito de atenção

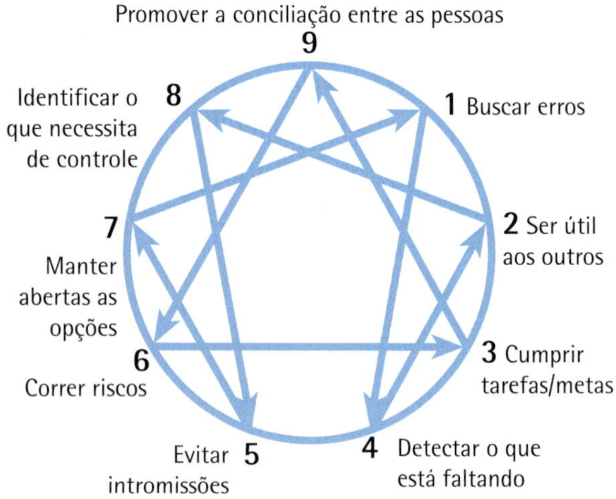

A vida muitas vezes é descrita como um teatro. Acho que ela seria mais bem descrita pelo termo "pantomima". A família típica é mais como um campo de batalha, no qual a personalidade é encenada, do que os tranqüilizadores anúncios publicitários deixam entrever. Aparentemente, para nossa consternação, o comportamento que para nós é perfeitamente normal aborrece os demais. Quando não "vamos com a cara" de alguém, geralmente não conseguimos entender suas razões. Às vezes, a vida parece mais um poço de mal-entendidos.

O Eneagrama é uma ferramenta prática que pode ajudá-lo a compreender melhor a si mesmo e aos outros. Ele identifica nove diferentes visões de mundo, nove tipos de personalidade que têm cada qual seu ponto de vista. Para mim, ele é o sistema de compreensão do ser humano mais eficaz que já conheci.

O fato é que não carregamos apenas entulho material. Chegamos nus a este mundo, mas atrás de nós vem um carrinho invisível cheio de bagagem. Num estudo com bebês recém-nascidos feito pela Stanford University, Califórnia, revelou-se que em apenas seis meses eles demonstravam nove formas diferentes de relacionar-se, as quais correspondiam exatamente aos nove tipos do Eneagrama. Isso confirma minha convicção: a personalidade já existe desde o primeiro dia de vida, algo que as mães e os astrólogos sabem há séculos. Nossos pais acrescentam nuances pelo modo como nos criam, o país e a região em que crescemos acrescentam "tempero e cor", mas a personalidade básica já vem conosco. E com essa "personalidade-semente", nós olhamos o mundo e vemos muita coisa que serve para confirmar nossa visão: criamos nossa própria realidade.

Se acreditamos que o mundo é um lugar assustador, há muito mais acontecimentos aterrorizantes para confirmar isso. Se acreditamos que não podemos confiar na nossa carreira, mesmo os melhores às vezes falharão. Se acreditamos que algo está faltando na nossa vida, isso realmente acontecerá.

Quando crianças, desenvolvemos mecanismos de apoio, hábitos de atenção que propiciam sustentação às nossas frágeis personalidades. Com o tempo, eles se tornam inadequados, deixando de servir a seu propósito. Quando detectamos nosso ponto de vista específico e a assim chamada "paixão" que ele deflagra (veja acima), podemos atingir um imenso crescimento pessoal se conseguirmos realizar a alquimia de transformá-la no seu oposto.

Nossa forma de estar no mundo pode nos restringir tanto quanto uma camisa-de-força. Longe de ser um sistema restritivo, o Eneagrama na verdade nos dá os meios para que nos libertemos dessa camisa-de-força e tenhamos mais opções na vida. Embora a tendência seja a de recair nas mesmas rotinas confortáveis que orientam nossa personalidade e embora o trabalho seja contínuo e dure toda a vida, as recompensas em termos de melhores relacionamentos valem muito mais a pena. A maioria das pessoas resiste às mudanças. Em geral, é preciso uma grande crise de saúde ou de espírito para que façamos esse esforço. Mas não precisamos chegar a esse ponto. Aumentando a conscientização, analisando melhor nossos hábitos e o modo como vivemos a vida, poderemos evitar qualquer crise.

Tendo trabalhado por 15 anos como acupunturista tradicional (técnica dos cinco elementos), vi constantemente pacientes enfermos devido à tensão psicológica. Até mesmo acidentes como ossos quebrados pareciam ocorrer em épocas mais estressantes. Não demorou muito e percebi que a forma que sua enfermidade assumia podia ser relacionada ao tipo do Eneagrama que correspondia a esses pacientes. O que a maioria das pessoas não sabe é que os "meridianos" (caminhos de energia) da acupuntura têm uma função que, além de física, é psicológica. Percebi que havia relações muito claras entre esses meridianos e os tipos do Eneagrama. A personalidade tem um impacto muito forte sobre o corpo, afetando a postura e prejudicando órgãos e funções, além de perturbar a mente e o espírito. Algumas vezes, fiz tratamentos com base no tipo do paciente, trabalhando o meridiano apropriado. E quando passei "deveres de casa" —

Como o Eneagrama funciona

O Eneagrama é um sistema dinâmico e, embora cada um de nós tenha um tipo primário, há interação também com quatro outros tipos. Se você não gosta da idéia de ser "tipificado", lembre-se de que o sistema é mais flexível do que parece. Analise novamente a figura da página 7, especialmente as setas. Toda pessoa é fortemente influenciada por cinco tipos:

1 O tipo primário.
2 O tipo para o qual vai (seguindo a direção da seta) quando está tensa.
3 O tipo para o qual vai (na direção oposta à da seta) quando está relaxada e alegre.
4/5 Os tipos que estão ao lado do seu tipo primário, chamados de "asas".

Os três centros

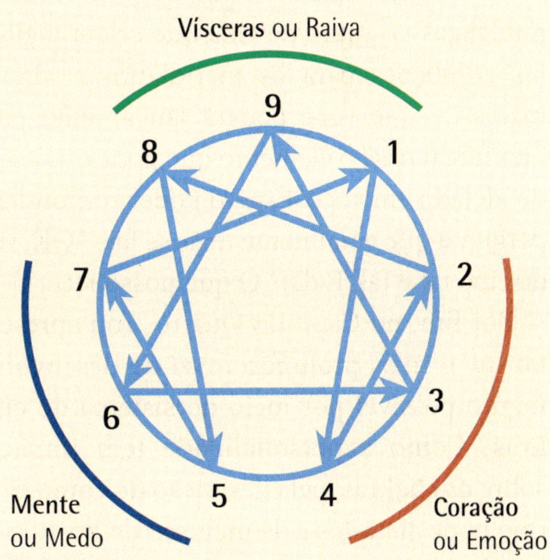

Além disso, os tipos se subdividem em três centros: Oito, Nove e Um são tipos Viscerais (centro da Raiva). Dois, Três e Quatro são Coração (centro da Emoção). Cinco, Seis e Sete são Mente (centro do Medo). Nossa intuição tende a se manifestar por meio do centro relacionado a nosso tipo: através das vísceras, do coração ou da mente.

posturas de yoga que liberavam bloqueios no meridiano afetado —, os pacientes relataram melhoras acentuadas. Por mais que eu já tivesse presenciado grandes progressos, curas físicas e psicológicas entre os pacientes, isso acrescentava uma nova dimensão.

Até agora, a influência do Eneagrama sobre o corpo foi largamente ignorada. Por exemplo, se sentimos medo constantemente, o desgaste sobre os meridianos a ele associados — a bexiga e os rins — é enorme, provocando problemas com esses órgãos, sintomas como dores nas costas e *mais* medo. Podemos reverter os efeitos nocivos sobre esses meridianos com posturas yogues próprias para alongá-los e ativá-los. O efeito positivo retroage sobre o corpo, e a pessoa sente menos medo. Os ombros, que geralmente ficam levantados e tensos, relaxam e a postura melhora; a bexiga e os rins se fortalecem. Nos Capítulos Dois e Três, descreverei as posturas, meditações e visualizações indicadas para cada tipo e destinadas a curar as emoções e expandir o espírito, além de curar o corpo. Também vou sugerir algumas mudanças no estilo de vida que criam melhores condições para os meridianos e alguns meios de que você poderá lançar mão para identificar qual o elemento que pode estar sendo afetado em você. Espero poder responder à pergunta que geralmente mais se faz: "OK, sou do tipo tal e tal. E daí? O que posso fazer?"

Por fim, no Capítulo Quatro, vou apresentar-lhe o mais profundo nível de desenvolvimento possível por meio do sistema de chakras. Como a personalidade tem impacto sobre os chakras, pela descrição de como cada tipo pode afetá-los e da inclusão de posturas e meditações para equilibrar cada um, podemos tomar medidas para minimizar esse impacto.

História do Eneagrama

A história do Eneagrama é um tanto obscura — tem-se mesmo a impressão de que, como ocorreu com muitos outros sistemas esotéricos, ela foi assim mantida deliberadamente. Acrescente a isso o fato de ela ter sido transmitida oralmente e verá que boa parte dessa história deve ser vista como suposição. Trata-se de um tema vasto, cujo conhecimento devo muito à pesquisa de Eric Salmon. As informações que aqui forneço provêm, em grande parte, do seu excelente livro, com ilustrações em quadrinhos: *The ABC of the Enneagram*.

PITÁGORAS

Não há registro do símbolo do Eneagrama na antigüidade, mas acredita-se que quando ensinou o autodesenvolvimento na Grécia antiga, mostrando como dominar o corpo, as emoções e a mente por meio do silêncio, do ascetismo e da disciplina, Pitágoras tenha usado esse símbolo. Na época, era comum usar figuras geométricas para o ensino e acreditava-se que os números possuíam um significado místico. Acredita-se que o Eneagrama seja o nono dos "dez selos de Pitágoras" e represente o mais alto nível de desenvolvimento que a humanidade pode alcançar (o décimo representaria Deus).

Pitágoras ensinava no Templo das Musas, um templo circular cercado de nove estátuas de mármore que representavam as musas. No centro, envolta em véus, estava a estátua de Héstia, a guardiã da divindade onipresente. As musas representavam nove energias universais, ou facetas dos seres humanos, que estavam simbolicamente presentes nos nove números.

Por muitos séculos, a filosofia de Pitágoras foi um ponto de referência: no século XVII, Kepler usou sua teoria do harmônico para descrever a estrutura do sistema solar. Recentemente, sugeriu-se que o símbolo do Eneagrama pode estar relacionado ao posicionamento dos planetas no céu, o que explicaria o "buraco" na sua parte inferior. Já que não se vêem planetas no céu setentrional, isso bem poderia ser possível.

OS PAIS DO DESERTO

Em 350 d.C., Anthony, um egípcio abastado, renunciou a tudo e foi viver sozinho no deserto, na esperança de encontrar a si mesmo e poder compreender o Divino — do mesmo modo que Buda, quando era um príncipe, deixou tudo de lado para buscar a iluminação. Usando o silêncio e a meditação, Anthony enfrentou o espaço hostil e as condições adversas do deserto para vencer a personalidade.

Logo em seguida, centenas de pessoas interessadas na busca da verdade interior resolveram viver como Anthony, de forma solitária e ascética. Posteriormente, os mais velhos e experientes começaram a encarregar-se dos recém-chegados e criaram-se grupos em torno dos "Abbas", ou pais espirituais. As práticas desses Pais do Deserto eram semelhantes às pitagóricas: atenção à vida interior, análise de pensamentos e sentimentos, combate às paixões, ao silêncio e à meditação. Eles acreditavam na possibilidade de uma relação com Deus.

EVAGRIUS PONTICUS (345-399)

Do ponto de vista do Eneagrama, foi importante o fato de haver entre esses Pais do Deserto um grego com formação em teologia que se tornou o primeiro a registrar suas idéias na forma escrita. Ele logo se destacou ao definir um símbolo parecido com o atual Eneagrama e oito pensamentos maus ou desconcentradores, que depois viriam a ser os sete pecados capitais. Evagrius também registrou informações sobre a dinâmica entre os tipos:

> *Primeiro, eu tenho que reconhecer meu tipo para poder atrair meu vício. [...] Tenho que observar onde brilha minha energia, o que me bloqueia e o que me cega. A fonte da minha maior fraqueza é também a fonte de meu dom mais importante. Por meio de minha paixão, posso descobrir meu maior talento, e então minha paixão será transformada e serei capaz de fazer florescer o fruto divino que trago dentro de mim.*

Um de seus textos menciona nove descaminhos: a raiva, o orgulho, a busca da glória ou da vaidade, a tristeza, a inveja, a avareza, a gula, a luxúria e a indolência. Aparentemente, com isso nos aproximamos do Eneagrama que conhecemos hoje em dia.

SUFISMO

Dois séculos depois, na mesma área onde surgiram os Pais do Deserto, nasceu o sufismo, a tradição mística do Islã. Para os sufistas, *jihad* representava a guerra santa contra o ego. Eles seguiram os mesmos princípios pregados por Pitágoras: autoconhecimento e observação, viver o presente, deixar que cada ação fosse guiada por Deus, harmonia com o universo, busca de atividades físicas e artísticas, simbolismo dos números e meditação. Entretanto, os sufistas usaram o diagrama e a teoria das paixões de forma diferente da visão cristã do pecado e da paixão. Naquele momento, o Eneagrama ligou as culturas cristã e sufista, hoje tão distantes, de uma maneira bastante criativa.

DANTE E CHAUCER (SÉCULO XIV)

Em *A Divina Comédia** e nos *Contos de Canterbury*, Dante e Chaucer fazem menção à transformação das paixões. O primeiro diz que o homem tem nove meios para transformar suas paixões e chegar ao céu: evitando o caminho fácil e a queda nos nove círculos do inferno. Chaucer relaciona cada pecado à sua correspondente virtude: a gula à moderação, a avareza à compaixão e assim por diante, do mesmo modo que pregam os modernos ensinamentos sobre o Eneagrama.

---

* Publicado pela Editora Cultrix, São Paulo, 1965.

GURDJIEFF (1877-1949)

Gurdjieff poderia ser considerado o pai do moderno Eneagrama. Nascido em Alexandropol, às margens do Mar Negro, George Ivanovich Gurdjieff teve contato com muitas religiões e culturas diferentes. Foi um grande viajante e afirmou ter trazido o Eneagrama da Ásia Menor. Uma figura exuberante, um místico e um mestre de imenso carisma, Gurdjieff usou o Eneagrama — que chamava de "ferramenta de ensino oral dos sufistas" — para promover a transformação entre seus seguidores. Contam-se muitíssimas histórias de como ele incentivava os convidados a beber bastante, a fim de pôr para fora o traço que mais os caracterizava. Embora não tenha sido quem definiu os nove tipos, se intuísse que o medo era o principal traço de um de seus convidados, ele o aconselharia a meditar sozinho num cemitério à meia-noite, por exemplo.

Como os sufistas, Gurdjieff também usou o movimento para vivenciar o Eneagrama: arrumava os alunos em nove estações em torno de um círculo e os levava a executar cuidadosamente movimentos cujos padrões indicavam a dinâmica entre os pontos, às vezes seguindo o caminho das setas dentro do círculo, de 1-4-2-8-5-7. Esse modo de aprender o Eneagrama por meio da prática às vezes gerava reações profundas entre os alunos.

A igreja ortodoxa e a tradição tibetana também influenciaram Gurdjieff. Reconheço no meu estudo e prática do budismo tibetano, seus métodos de incentivar as pessoas a despertar o observador que têm dentro de si, a meditar e a identificar sua paixão.

OSCAR ICHAZO (1931)

Filho de um funcionário público boliviano do alto escalão, Ichazo também viajou durante muitos anos pelo Oriente Médio. Ele alega ter conhecido o Eneagrama com mestres sufistas em Pamir, no Afeganistão, antes de ler os escritos de Gurdjieff. Ichazo, que ensinou no Instituto de Psicologia Aplicada de Santiago do Chile, coordenou em 1970 um curso de 11 meses de desenvolvimento espiritual que congregou cinqüenta das figuras mais importantes da área no mundo, entre as quais Claudio Naranjo e Alexandro Jodorowski. Foi Ichazo quem associou as nove paixões ao diagrama do Eneagrama e quem primeiro ensinou o Eneagrama dessa forma no Ocidente.

CLAUDIO NARANJO (1932)

Professor honorário das universidades de Harvard e Berkeley, o médico chileno Claudio Naranjo conheceu o Eneagrama por intermédio de Ichazo. Sua pesquisa uniu as paixões e a obra de Gurdjieff às patologias modernas, identificando os principais mecanismos de defesa inerentes aos tipos. Foi ele quem criou o método de ensino do Eneagrama entrevistando pessoas do mesmo tipo em suas palestras.

HELEN PALMER (1937)

Professora de psicologia e intuição, Helen Palmer conheceu o Eneagrama em 1971 por intermédio de Claudio Naranjo. Entre os integrantes dessa turma estavam Cathleen Speeth, Hamina Lee "Amas" (que falava árabe fluentemente) e Bob Ochs, um padre jesuíta. Helen Palmer é autora de dois *best-sellers* internacionais sobre o Eneagrama, entre os quais *The Enneagram, Understanding Yourself and Others in Your Life*. Helen divide com David Daniels a direção da Trifold School of Enneagram Studies.

DAVID DANIELS (1934)

Médico e professor do Departamento de Psiquiatria e Ciências do Comportamento da Stanford Medical School, Califórnia, David é co-fundador da Trifold School of Enneagram Studies. Com Michael Ray, ofereceu o concorrido curso "Eneagrama e liderança" na Stanford Graduate School of Business.

Autor de *The Essential Enneagram*,* David criou com Helen um programa de formação pro-

* *A Essência do Eneagrama*, publicado pela Editora Pensamento, São Paulo, 2003.

fissional em 1988 e, desde então, juntos vêm formando centenas de pessoas no mundo inteiro.

BOB OCHS

O padre jesuíta Bob Ochs foi um dos alunos de Naranjo na década de 70. Professor da Loyola University de Chicago, ele ensinou o Eneagrama a uma turma de 12 padres que desde então vêm disseminando esse conhecimento pelo mundo.

O primeiro livro sobre o Eneagrama

Escrito por três alunos de Bob Ochs — padre O'Leary, Maria Beesing e Robert Nogoseck —, o primeiro livro sobre o Eneagrama foi publicado em 1984. Assim, ele passou ao domínio público, apesar da reprovação daqueles que achavam que era perigoso popularizar um sistema de transformação pessoal tão poderoso.

O Eneagrama hoje

Muita gente deixou sua marca no Eneagrama, e parece que tem sido assim desde os tempos de Pitágoras. O que está claro é que ele é um poderoso instrumento de transformação e que gente do mundo inteiro reconhece isso. Tenho conhecido professores da Finlândia à África do Sul e da China aos EUA; hoje em dia o Eneagrama é verdadeiramente global. Ele é usado no mundo dos negócios, em missões, igrejas e escolas para promover o desenvolvimento pessoal e espiritual. Quase todos aqueles que entram em contato com o Eneagrama descobrem que sua magia ressoa de alguma forma, muitas vezes transformando sua vida.

Por que estudar o Eneagrama?

Benefícios que aumentam com o tempo:

Autocompreensão: Para aprender por que você reage positivamente a algumas pessoas e negativamente a outras. À medida que a compreensão aumentar, você se tornará mais consciente dos seus pontos fortes e poderá reconhecer e neutralizar aquilo que o impede de trabalhar ou relacionar-se com os outros.

Detecção e gerenciamento do stress: O Eneagrama o ajuda a identificar a origem de 90% de suas tensões, apresentando métodos, alguns dos quais muito antigos, de reduzi-las. Pela primeira vez, esses métodos sugerem também posturas de yoga, além de meditações, visualizações, práticas e mudanças de estilo de vida que trarão mais harmonia à sua vida.

Compreensão dos relacionamentos: Você entenderá melhor a dinâmica dos seus relacionamentos passados e presentes, bem como o papel que você desempenhou/desempenha neles.

Interpretação das pessoas e atendimento a clientes: Quanto mais você aprender a entender seus parceiros, amigos, parentes e clientes, melhor poderá reagir às necessidades deles, expressar as suas e construir relacionamentos duradouros.

Comunicação e trabalho com as pessoas: Com uma compreensão mais profunda de si mesmo e dos outros, você terá condições de trabalhar melhor com seus entes queridos, colegas e amigos.

Cada tipo tem suas próprias lutas. Nenhum é melhor do que o outro — somos todos, por assim dizer, perfeitamente falhos. Nenhum tipo se dá melhor que outro com um determinado terceiro tipo: o segredo é a conscientização. Sugiro que você leia este livro com a mente aberta e compaixão no coração. Recentemente me ocorreu que não existem adultos; cada um de nós é apenas um filho do universo, uma criança — seja artista de cinema, presidente, pregador ou uma pessoa comum. Nosso futuro depende de nossa capacidade de nos relacionarmos bem uns com os outros e darmos o melhor de nós. Como disse Dalai Lama, "minha religião é a compaixão". E há outra forma melhor de praticá-la do que por meio da tentativa de autocompreensão e da compreensão de nossos semelhantes? Espero que você desfrute dessa jornada tanto quanto eu.

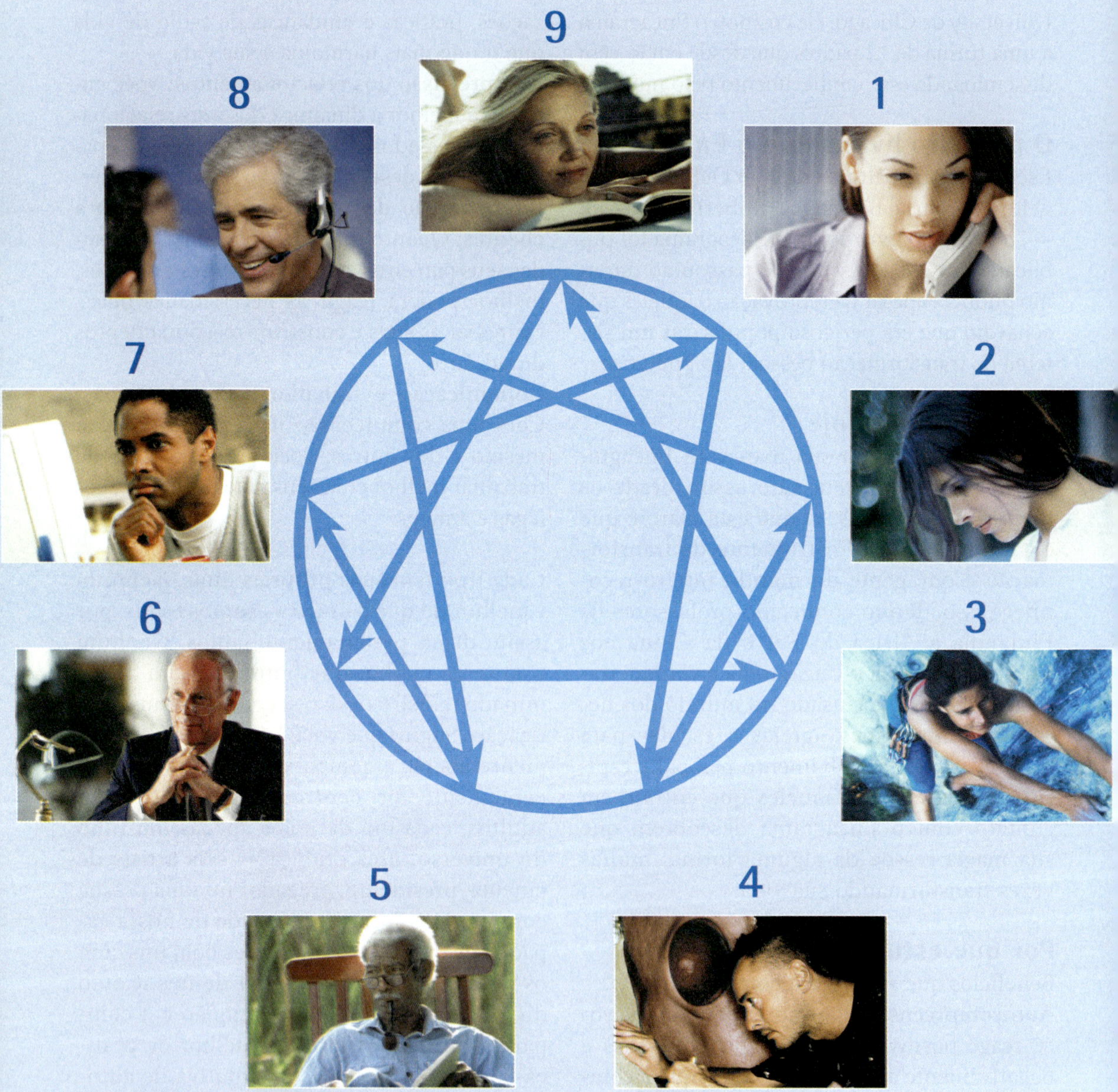
9
8
1
7
2
6
3
5
4

CAPÍTULO UM

Os nove tipos

No vazio e no silêncio de nosso verdadeiro ser, também há plenitude e completude [...] não há nada que possa trazer-nos maior felicidade, pois já estamos em êxtase.

Roy Whenary, *The Texture of Being*

Introdução aos nove tipos

Nove convidados, cada um representando um tipo, estão sentados em volta de uma mesa redonda. Há uma abertura numa ponta, a qual permite que todos sejam inteiramente vistos (veja o diagrama ao lado). Preste muita atenção, pois você está para conhecer os personagens que habitam seu mundo.

Tipo Nove, o Mediador

Ao que seria a cabeceira da mesa, está sentada a representante do tipo Nove, esperando ansiosamente a oportunidade de travar uma boa relação com algum dos demais convidados. Porém, distraída pela leitura de um livro, ela acabou tendo de colocar o primeiro vestido que apareceu na sua frente. No momento, está tentando apaziguar seus vizinhos, que discordam quanto a um determinado filme.

Tipo Um, o Perfeccionista

Ele levou horas se vestindo, experimentando e descartando diversas gravatas até chegar à combinação perfeita, mas ainda está em dúvida se acertou mesmo. E está irritado com o homem sentado em frente, que não aceita que o tal filme seja historicamente incorreto e antiético.

Tipo Dois, o Doador

Passou horas preparando a comida para agradar a todos os diferentes convidados e comprou dois trajes diferentes, na esperança de criar a imagem certa. Está paquerando propositadamente o homem sentado à esquerda, que bem poderia parar um pouco de falar sobre sua nova empresa.

Tipo Três, o Realizador

Ele anda tão ocupado que quase esqueceu da festa, mas está descrevendo entusiasticamente a nova empresa e estabelecendo freneticamente novos contatos. Já deixou a mesa duas vezes para atender chamadas no telefone celular.

Tipo Quatro, o Romântico

Ela estava deprimida antes de sair e quase ligou para avisar que não iria. Está com um vestido de veludo encarnado, um broche solitário na echarpe. Brinca em silêncio com a comida. Falta alguma coisa, mas ela não saberia dizer exatamente o quê...

Tipo Cinco, o Observador

Ele não queria ir porque, para começar, teria de interromper a pesquisa que está fazendo e, além disso, detesta compromissos sociais. Vestido sobriamente, se arrumou em minutos. Fica ali sentado, calado e retraído, observando os demais — e perto da porta, para poder sair rápido.

Tipo Seis, o Questionador

Uma rachadura no teto, bem acima da cabeça dela, chamou sua atenção a ponto de levá-la a perguntar-se se o teto não iria desabar. A entrada de mariscos a deixou desconfiada, e ela está preocupada porque pode ter deixado o ferro ligado em casa.

Tipo Sete, o Epicurista

Se aquela conversa sobre o filme não mudar logo, ele acha que vai ter de sair para a outra

Virtudes e mentalidades superiores

Nossa verdadeira natureza, nossa "mentalidade superior" é clara, perfeita, exultante e leve. Identificar os obstáculos à sua obtenção é uma maneira de encontrar a felicidade. Quando se trabalha com o Eneagrama para reconhecer e transformar as paixões, torna-se mais provável viver as virtudes e mentalidades superiores (à direita).

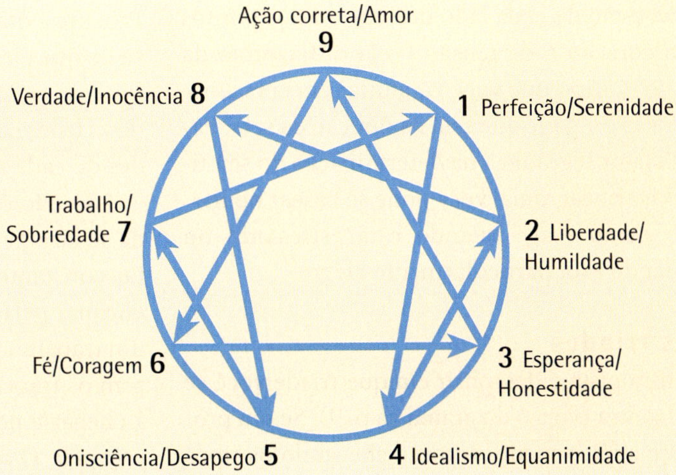

festa antes do que pensava. Ou talvez ir para casa e assistir aquele filme que anunciaram para hoje à noite... mas como acabam de aparecer três sobremesas, antes ele vai provar um pouco de cada uma.

Tipo Oito, o Chefe

É ele quem faz mais barulho na mesa. Claramente adorando cada instante da discussão com o tipo Um, ele bate na mesa para enfatizar seu ponto de vista, põe mais vinho para todos, dá piscadelas para a anfitriã, sentada do lado oposto ao seu, e aperta o joelho da representante do tipo Nove.

Como identificar seu tipo

Em algum lugar dessa cena está seu parceiro em personalidade. Não se preocupe se isso não lhe parecer muito evidente, pois em seguida veremos descrições mais detalhadas. Além disso, também é mais normal você reagir com um "Ah, não!" (Será que sou mesmo assim?) do que com um "Eu sabia!" quando descobrir qual é o seu tipo.

Para isso, às vezes ajuda lembrar como você era quando tinha menos consciência de tudo — digamos, por volta dos 18 anos.

Editando o disco rígido

Infelizmente, nós tendemos a suprimir ou enfocar demais os lados mais negativos ou positivos da nossa própria personalidade. Mas se não reconhecermos todos os aspectos de nossa natureza, jamais poderemos esperar nos tornarmos seres humanos completos. Assim como num computador, nosso disco está lá, ajudando a máquina a funcionar. Helen Keller, uma mulher surda e cega que se tornou um exemplo para milhares de pessoas, disse que se ficássemos com o rosto virado para o sol jamais poderíamos ver a sombra. E, pensando bem, são as sombras que nos dão profundidade. Seu lado mais difícil na verdade é o seu mestre — e você deveria recebê-lo como tal.

Pontos do coração e de tensão

Como já foi dito na introdução geral, em diferentes momentos da vida podemos sofrer maior ou menor influência das asas (os tipos que estão de cada lado do seu) ou dos pontos do coração e de tensão (veja o diagrama da p. 7). O tipo que você vai imitar em épocas de tensão é aquele que está na direção da seta. Para maior segurança na determinação do seu tipo no Eneagrama, você pode se basear no modo como reage quando está estressado ou quando está particularmente alegre.

As tríades

Outra pista é descobrir em que tríade você se encontra (veja o diagrama da p. 9). Se seu problema for o medo, comece checando os tipos Cinco, Seis e Sete. Se a imagem for o mais importante, verifique os tipos Dois, Três e Quatro. Se a questão for a raiva, verifique os tipos Oito, Nove e Um.

Finalmente

Procure evitar julgar os demais tipos. Lembre-se de que eles também têm sua lista de pontos fortes e pontos fracos. Em vez disso, use as descrições para aprender a apreciar as qualidades de cada um.

Isso não é uma coisa necessariamente fácil de se fazer, e a maioria das pessoas precisa estar constantemente atenta para não se deixar enganar pela própria personalidade, ou seja, é um trabalho para a vida inteira. Mas, como dizem os franceses, as recompensas não tardam a chegar e nos fazem *sentir bem na nossa própria pele*. O objetivo é aproximar-nos cada vez mais da mentalidade superior e da virtude específica do nosso tipo.

elhores qualidades do tipo Um
Responsável
Confiável
Honesto
Trabalhador
Justo
Autodisciplinado
Sensato
Escrupuloso
Íntegro
Idealista

Piores qualidades do tipo Um
Crítico
Moralista
Inflexível
Controlador
Ciumento
Excessivamente preocupado
Sério
Obsessivo
Dogmático
Hipócrita

Paixão
Raiva

Hábito recorrente
Ressentimento

Mentalidade superior
Perfeição

Virtude
Serenidade

RAIVA

Deus está nos detalhes.

Ludwig Mies van Der Rohe

O mundo seria um lugar triste sem os Perfeccionistas. Enquanto todo mundo vai levando, contentando-se com o "aceitável", os representantes do tipo Um vão além, empenhando-se em colocar os pontos em todos os ii. Se você quiser organizar algum evento da maneira mais escrupulosa, inclusive nos mais ínfimos detalhes, convide alguém desse tipo para tomar a frente. Você não vai precisar supervisionar o andamento das coisas: pode ficar certo de que ele vai verificar tudo. Faça uma viagem com uma pessoa do tipo Um e observe se ela não vai organizar tudo como uma campanha militar: horários checados, malas feitas semanas antes, hotéis reservados, passeios planejados nos mínimos detalhes. Ah, e o canivete suíço despachado na mala, e não descuidadamente esquecido na bagagem de mão.

Quando viajamos nas férias, minha mulher sai de casa andando de costas e de quatro. Ela limpa a casa inteira, de cima a baixo, antes de sairmos e termina no batente da porta da frente. Se precisarmos fazer xixi antes de ir embora, não adianta que ela não vai deixar a gente entrar — os meninos e eu temos de usar o canteiro do fundo do quintal.

Tenho uma amiga do tipo Um que todo ano, no fim de setembro, já está com todos os presentes de Natal comprados, embalados e guardados no sótão. Ela nunca esquece um aniversário ou deixa de enviar um cartãozinho de agradecimento toda vez que é convidada para jantar, por mais informal que seja a reunião. Isso é muito importante, pois para os representantes do tipo Um é fundamental não só agir corretamente como também ser visto como correto em todas as circunstâncias. Pode apostar que eles agirão sempre com total integridade. Para eles, o mundo é preto-e-branco. Eles sabem qual é a maneira certa de fazer as coisas e, se nos desviarmos dela, provavelmente eles nos avisarão. Elton John disse, a propósito de um espetáculo que fez ao lado de Ray Charles, que este era meticuloso não apenas com a própria *performance*, mas também com a dele (isto é, a de Elton John).

Eu estava indo para o trabalho quando vi uma mãe numa vespa levando o filho

na garupa sem capacete; o garoto devia ter uns 9 ou 10 anos. Fiquei furioso. Alcancei-os no sinal vermelho e disse a ela, letra por letra, tudo o que pensava a respeito de sua irresponsabilidade em arriscar assim a vida do filho.

A casa dos representantes do tipo Um é impecável e superarrumada, assim como a aparência deles próprios. Os sapatos estarão sempre brilhando, e a gravata combinará com a camisa, se ele for homem. Se for mulher, o esmalte estará perfeito e combinará com a bolsa. Outro dia, escutei Carol Thatcher falar no rádio sobre a mãe, Margaret, a ex-primeira-ministra da Grã-Bretanha. Ela disse o quanto era importante para a mãe estar sempre bem-vestida o tempo todo; nunca ser pega sem parecer uma primeira-ministra da cabeça aos pés. Margaret Thatcher gabava-se de não precisar de muitas horas de sono. De fato, o tipo Um é cheio de energia.

Dizer que as pessoas do tipo Um são organizadas é pouco. Sempre haverá um rolo extra de papel higiênico no banheiro e um pacote extra de café no armário. Se precisarem da tesoura, elas vão saber exatamente onde encontrá-la, e essa tesoura vai estar afiadíssima. Se o elástico de sua roupa de baixo por acaso partir de repente, segundos depois você já estará usando o alfinete de segurança que elas sempre levam na bolsa.

Minha amiga veio me visitar e passamos a noite experimentando roupas. Quando ela foi embora, passei todas a ferro, mesmo que a maioria não tivesse ficado amassada. Era uma segunda-feira, no dia seguinte, teria de ir às 7 horas para o trabalho e só pude ir para a cama à 1 hora da manhã.

Os representantes do tipo Um são idealistas, honestos, justos, incrivelmente autodisciplinados e éticos. Eles dão bons editores e jornalistas, já que seu principal hábito de atenção é identificar erros. Muitas vezes trabalham para instituições de caridade e organizações ambientalistas ou na política. Nelson Mandela, um provável exemplo, ganhou o respeito do mundo inteiro por sua dignidade e perseverança na detenção e pelo milagre de transformar seu país sem derramamentos de sangue.

Mas tudo isso tem seu preço. Embora quase todos nós saibamos que de vez em quando nosso crítico interior (ou voz interior negativa) nos dá uma surra, o tipo Um diz que o seu não lhe dá folga nunca. É uma voz de fundo constante, que não pára de repetir que ele "poderia ter feito melhor". Esse é um modo de ser extenuante, que às vezes o impede de realizar-se mesmo que faça tudo muito bem-feito. Quando criança, ele sentiu-se duramente criticado e aprendeu a monitorar-se minuciosamente. Devemos ter uma grande compaixão para com as pessoas desse tipo, cuja luta pela perfeição parece infinita e desgastante, um verdadeiro banho de água fria no lado divertido da vida. O prazer só é permitido depois que todas as tarefas forem cumpridas.

Eu digo a mim mesma que darei uma volta depois que lavar o carro, consertar a cerca, revisar todos os artigos e organizar todo o meu sistema de indexação de arquivos. Naturalmente, quando consigo acabar de fazer tudo isso, estou exausta e acabo nunca saindo para dar a tal volta.

Raiva – paixão do tipo Um

Esse hábito de atenção — o de sempre procurar defeitos — raramente se encerra no tipo Um. A desvantagem de colocar a perfeição acima de todas as coisas é que, inevitavelmente, o resto da humanidade parece falho. Nós sempre desapontamos os representantes do tipo Um, pois eles sempre esperam de nós uma luta semelhante pela perfeição. Só que o problema é que eles podem acabar sofrendo de "obrigatite".

Por acreditar que tem de ser perfeito para ser amado, o tipo Um tem especial dificuldade em aceitar críticas, pois sempre é mais fácil projetar a culpa nos outros (modo de pensar identificado no budismo como "a mente que julga"). Além disso, ele pode guardar rancor pela injustiça de se esforçar tanto e não ser plenamente reconhecido.

Às vezes, é difícil agradar os representantes desse tipo e lidar com sua inflexibilidade: podemos acabar nos sentindo controlados quando eles insistirem em fazer as coisas à sua maneira. Em geral, pais dedicados e eficientes, talvez seus filhos precisem ser tranqüilizados quanto ao fato de que errar não implica que deixarão de ser amados. Embora os pais só moldem parcialmente a nossa personalidade (como disse anteriormente, acho que já chegamos ao mundo com nosso próprio "mapa"), as pessoas do tipo Um muitas vezes afirmam que um dos pais também era do tipo Um e muito exigente. Em seus relatos, falam do anseio de serem estimadas por seus esforços. Um dos segredos para se dar bem com alguém desse tipo é assumir os próprios erros — ninguém melhor que os representantes do tipo Um para entender como você se sente. Peça desculpas sinceras e confesse. Você vai se surpreender ao ver o quanto isso lhes abrirá o coração.

Nos relacionamentos, o ciúme pode ser um problema:

Quando terminei com ele, nossos amigos comuns ficaram muito frios comigo. Por anos, não consegui entender por que amigos tão próximos haviam querido livrar-se de mim como se eu fosse um peso, mas um dia descobri: ele havia insistido para que eles agissem assim.

Se as pessoas do tipo Um não perceberem a raiva que subjaz a seu hábito de atenção, seus relacionamentos poderão sofrer as conseqüências. Um dos problemas é que elas vêem a raiva como uma emoção "má". Por isso, essa raiva tende a ficar bloqueada no corpo como um nó fervilhante. Se você se segurar e as escutar até o fim, poderá ajudá-las muito. As atividades físicas (correr, praticar esportes, yoga etc.) também são importantes nesse processo. É preciso haver uma válvula de escape para os ressentimentos que se acumulam, uma saída para a preocupação incessante.

Correr tem uma coisa engraçada [...] Estou lá, ofegando, respirando profundamente... Não sei, mas assim sinto muita serenidade.

A vida pode ficar excessivamente séria para as pessoas do tipo Um por causa do adiamento do prazer. Ainda bem que nesse tipo sempre há uns "santos de pau oco" que, quando estão longe de casa, relaxam um pouco. Adorei quando Monica, do seriado *Friends*, que é o epítome do tipo Um, acabou na cama com Chandler, para uma noite de sexo selvagem, num dia em que saíram juntos. Ela é uma personagem construída tão bem e com tanto carinho que, se algum dia alguém do tipo Um não se achar digno de ser amado, recomendo que assista alguns episódios da série e preste atenção ao papel fundamental de Monica.

Então como é que o tipo Um pode liberar-se do seu hábito de atenção, que é procurar erros e criticá-los? "Bom o bastante" não é suficiente para ele — e, no entanto, por ironia, sua libertação, sua chave para crescer e encontrar a serenidade, está justamente nisso. Para o tipo Um, a tarefa consiste em deixar o fio branco no tapete azul e ver que o mundo não se acaba. Ele ficará em paz quando desenvolver o observador interior, que percebe quando o crítico interior está sendo tirânico, e parar um instante para contar até dez, respirar e observar o que está acontecendo no seu corpo. As áreas de tensão que forem identificadas poderão então ser liberadas. O tipo Um é muito "físico": quando alguma coisa não está certa, ele a sente por dentro, visceralmente. Aí está o seu centro intuitivo. Portanto, vale a pena verificar sempre o que está acontecendo nesse centro e tomar as medidas necessárias.

O melhor é que, com cuidado e atenção, o crítico interior pode ser desarmado. E você pode até colocar nele um nariz de palhaço e torná-lo ridículo! Tenho visto uma grande serenidade nas pessoas do tipo Um que atentaram para seu hábito, calaram o crítico e escutaram a voz de uma consciência superior.

Tipo Um – o dinâmico fluxo da energia

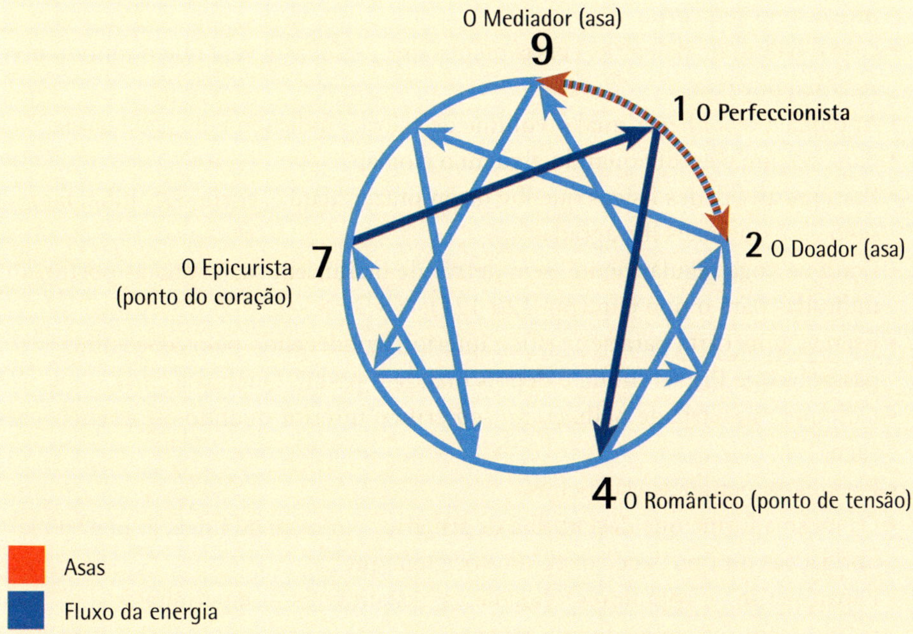

As asas

Como disse na introdução, as asas influenciam os tipos (consulte as pp. 16-17). Em geral, a regra é: uma maior influência da asa anterior (ou seja, a precedente no sentido anti-horário) é mais benéfica.

O tipo Um que tem uma forte asa Nove é um pouco mais relaxado e mais capaz de distanciar-se. Para o tipo Um, vale a pena "escorregar" para o Nove, esquecer um pouco de fazer tudo certo, relaxar e entrar em "sintonia" com as situações, em vez de tentar corrigi-las.

O tipo Um que tem a asa Dois mais forte é geralmente mais carinhoso e prestativo, mas às vezes é também mais controlador e mais crítico.

O fluxo da energia para o tipo Um

Como se pode ver no diagrama acima, a seta que se projeta para a frente leva o tipo Um ao tipo Quatro – o Romântico – do Eneagrama. O tipo Um tende a ficar mais emocional quando está sob tensão. Em vez de se concentrar na sensação de perda e isolamento quando está assim, seria melhor dedicar-se a interesses artísticos e criativos. O trabalho com cerâmica seria uma maneira especialmente terapêutica de lidar com os sentimentos negativos. Para criar uma peça, ele teria de socar a argila, trabalhando-a por vários minutos para evitar a formação de bolhas de ar (o que é ótimo para extravasar a raiva acumulada), e depois modelá-la com delicadeza e cuidado. As imperfeições na forma e na vitrificação podem, muitas vezes, transformar um vaso comum numa peça verdadeiramente bela... uma alquimia criada tanto pelo tipo Um quanto no tipo Um.

Quando as pessoas desse tipo estão alegres e relaxadas, a energia passa ao ponto sete, o Epicurista. Esse é um verdadeiro lugar de transformação, onde elas podem baixar a guarda. Que sorte para o tipo Um que seu caminho para a serenidade esteja no brincar, na diversão. Ver alguém desse tipo quando chega a esse ponto é de fato uma visão divina. Imagino Nelson Mandela dançando: todo o seu ser irradiando prazer, em união com o universo.

Como o tipo Um pode se cuidar e crescer

- Medite regularmente e observe quando a raiva chega e qual o efeito que provoca no seu corpo.
- Crie o hábito de deixar as coisas menos que perfeitas e veja que o mundo não se acaba por isso.
- Aprenda a reconhecer qual o volume de esforço indicado para cada tarefa.
- Pare, respire e escute quando alguém o elogiar.
- Pratique atividades físicas que lhe dêem prazer: dance, corra, caminhe, faça sexo — o que mais lhe agradar.
- Pratique yoga regularmente, sem deixar de incluir em sua rotina as posturas indicadas para o tipo Um (pp. 126-127).
- Escreva uma carta para seu crítico interior, agradecendo pelos conselhos passados que lhe serviram, e depois mande-o pastar. Queime a carta.
- Coloque um nariz de palhaço no seu crítico interior quando ele encher o seu saco.
- Permita-se perder as estribeiras.
- Da mesma forma que desentulha os armários em casa, dê fim sem pena a obrigações do tipo "você deve" e "você tem que".
- Paparique-se — com flores, chocolates, restaurantes — e permita-se regularmente as coisas de que gosta.
- Pratique deixar o fio no tapete, as almofadas amassadas, os papéis desarrumados.
- De vez em quando, vista meias de pares diferentes só para ver que pouquíssimas pessoas notam ou se importam com isso.
- Receba de braços abertos os impulsos e os desejos e veja-os como válidos.
- Repita: sou perfeito do jeito que sou.
- Observe quando voltar a resvalar no hábito recorrente do ressentimento e esforce-se para transformá-lo em serenidade.

Como dar apoio ao tipo Um

- Mostre o quanto reconhece e preza o empenho extra que ele dedica às coisas para que tudo sempre dê certo.
- Convide-o para sair e divertir-se.
- Quando ele o criticar, lembre-se de que o tipo Um é um crítico mil vezes mais severo de si mesmo.
- Quando ele lhe der um bom conselho, agradeça-lhe.
- Seja justo com ele.
- Se você estiver errado, diga isso e peça-lhe desculpas.
- Se ele perder as estribeiras e der vazão à raiva, mantenha-se firme e o escute.
- Escute-o quando ele estiver preocupado.
- Mesmo que ele se disponha a assumir toda a responsabilidade pelas coisas, faça a parte que lhe cabe.
- Diga-lhe o quanto gosta dele do jeito que ele é.

"O que mais me agrada em ser do tipo Um"

- A possibilidade de realizar tantas coisas pelo fato de ter boa capacidade de administração e organização.
- A liberdade de saber (agora) que minha forma de ser é uma dentre nove e que a tentativa de atingir a perfeição está fadada à derrota.
- O instintivo senso de direção que extrai a ordem do caos.

"O que mais me desagrada ou tenho dificuldade em fazer por ser do tipo Um"

- A pressão pela perfeição me deixa tenso e ansioso.
- É muito difícil parar de trabalhar (ou seja, descobrir coisas que, a meu ver, precisam ser feitas).
- Não me sinto seguro de que o que eu faço, digo e penso é a coisa "certa" para fazer, dizer e pensar.
- Nunca paro de me comparar aos outros (e perder nessas comparações), em qualquer área que seja: "Ela é melhor mãe que eu", "Ele é um chefe mais competente que eu".
- É muito difícil ouvir qualquer *feedback* com clareza, pois estou sempre atento a possíveis críticas.

Como você pode me ajudar

- Seja cuidadoso e construtivo nas críticas para que eu possa escutar o que você de fato está dizendo.
- Ajude-me a desacelerar, brincar e rir de mim mesmo.
- Reconheça o quanto eu me empenho e esforço.

elhores qualidades do tipo Dois
Empático
Carinhoso
Incentivador
Adequadamente generoso
Intuitivo
Adaptável
Amoroso
Leal
Desprendido
Entusiástico

Piores qualidades do tipo Dois
Manipulador
Sufocador
Efusivo demais
Possessivo
Interesseiro
Indireto
Histérico
Superior/Distante
Sedutor
Rancoroso

Paixão
Soberba

Hábito recorrente
Adulação

Mentalidade superior
Liberdade

Virtude
Humildade

SOBERBA

Eu queria ser uma rainha no coração das pessoas...

Diana, Princesa de Gales

Diana, para dizer em poucas palavras, sintetiza o modo de pensar das pessoas do tipo Dois. Elas vêm ao mundo com um objetivo: ser úteis e, assim, obter amor. Achando que precisam dar amor para ter direito a ele porque não são dignas de ser amadas pelo que simplesmente são, elas temem a rejeição. Por isso, empenham-se até a exaustão em atender às necessidades alheias. Às vezes chamado de Ajudante, este tipo fica atento ao que deve dar para obter aprovação.

Desde muito cedo, o tipo Dois desenvolve um radar de alta sensibilidade às necessidades dos outros. Se as demonstrações de amor demorarem a aparecer, ele ajuda fazendo um certo charme: "Gosto desse seu colar. É lindo!" ou "Está com sede, mamãe? Quer que eu traga alguma coisa para você beber?" Na infância, as pessoas do tipo Dois costumam ser as queridinhas da mamãe e o braço direito do papai.

Eu ficava acordado esperando a chegada do Papai Noel, mas quando minha mãe entrava no quarto, na ponta dos pés, para colocar a meia ao pé da cama, eu fingia que estava dormindo porque não queria estragar a surpresa que ela queria ter de manhã.

Você está cheio de coisas para fazer no trabalho? Pois aqui está o Dois com uma caneca de café para você. E provavelmente será do jeito que você gosta, acompanhado do seu lanche preferido e de uma oferta de ajuda para tirar todas aquelas mensagens de e-mail. Ele lembra do seu aniversário, manda um cartão escolhido com esmero e, se você estiver com problemas pessoais, pode contar com o ombro dele. Logo, logo, você estará se perguntando como é que podia viver sem ele antes. Os representantes do tipo Dois são amigos fiéis e sabem dar apoio a seus parceiros. Não sendo em geral líderes, eles se sentem mais à vontade no papel de eminências pardas, pois adquirem prestígio com o reflexo da glória. Mas cuidado com o ferrão — você bem pode ouvir coisas como "Você não estaria onde está sem..." Há muitas pessoas do tipo Dois nas profissões da área da saúde, assistência social e prestação de serviços. E elas também podem trabalhar como assistentes pessoais e consultoras de compras (lembra da Rachel do seria-

do *Friends*?). Têm facilidade para fazer amigos e mantêm as amizades por muitos anos.

O enterro dela estava cheio de gente. Eu olhei para os rostos das pessoas a meu redor, vi a dor que sentiam e percebi que, como eu, todas a tinham como uma amiga especial. Éramos uma multidão de "melhores" amigos.

É claro que cada um é diferente. Para serem queridas por gente tão variada, as pessoas do tipo Dois precisam ter uma certa flexibilidade. Pode haver um certo grau de "edição", digamos. Por que dizer a Robert (um golfista profissional) que detesta golfe, que golfe é o jogo mais chato do mundo, se você pode conversar com ele sobre os prazeres de uma boa caminhada pelo campo rumo ao buraco nove? Afinal, ele é o maior gato e, se você fosse sincera, talvez ele a rejeitasse.

Eu devia ter desconfiado quando ele sugeriu "aquele lugar" para a nossa lua-de-mel, que seria na estação das chuvas. Ter que arrastar-me por plantas de tratamento de águas residuais em pleno inverno com um binóculo pendurado ao pescoço procurando mergulhões de crista grande já tinha sido ruim o bastante; onde é que eu estava com a cabeça ao concordar em marcar a lua-de-mel para a época da migração do outono? Isso acabou definin-

Tipo Dois – o dinâmico fluxo da energia

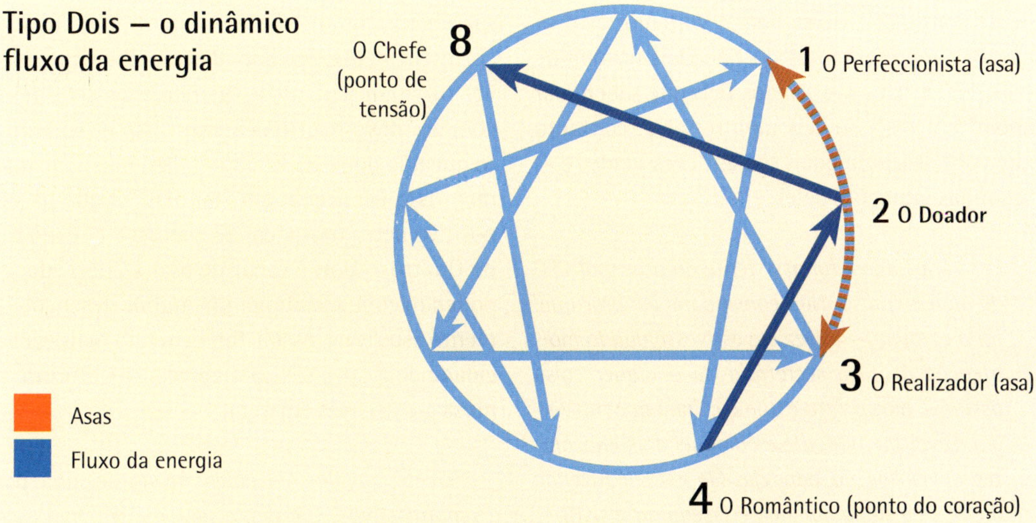

As asas

O tipo Dois que tem asa Um forte é mais crítico e mais autocrítico. Por outro lado, é também mais objetivo e tem ideais muito definidos. O caráter sistemático do tipo Um faz bem ao Dois, podendo ajudá-lo a acalmar um pouco a histeria quando suas necessidades não forem atendidas.

O tipo Dois que tem asa Três forte brilha como anfitrião em qualquer festa. Além disso, é mais ambicioso e mais preocupado em tornar-se o centro das atenções. Muitas vezes se diz: "Ah, se o tipo Dois pudesse fazer por si mesmo aquilo que faz pelos outros..." Se recorrer à sua asa Três, ele terá mais chance de assumir a responsabilidade pelo poder que tem.

O fluxo da energia para o tipo Dois

Quando está tenso (por exemplo, quando suas necessidades subconscientes não são atendidas), o tipo Dois passa ao Oito, o Chefe, cujas princi-

do o tom de um casamento que estava fadado a fracassar.

Como sua amiga Madre Teresa, Diana, a Princesa de Gales, era o epítome do tipo Dois. Caridosa, trabalhadora, dedicada, maternal. Os representantes do tipo Dois são grandes anfitriões; adoram passar os salgadinhos ou apresentar você à pessoa certa para trabalhar em sua empresa ou ser a babá dos seus filhos. Eles são alegres, cordiais, generosos, carinhosos e cheios de disposição: são como os cachorrinhos, os filhotinhos, do Eneagrama. E ficam "felizes em poder ajudar" — mas será que é só isso mesmo?

Soberba – a paixão do tipo Dois

O tipo Dois se empenha muito nos relacionamentos. Esse é seu território — sendo um tipo do Coração, ele intui os sentimentos quase que literalmente com o coração. Sua paixão é a soberba. Ele se orgulha por saber exatamente quais as suas necessidades e se regozija ao pensar que só ele sabe atendê-las. Isso é uma pais características são a vingança e a necessidade de controlar e de se impor. Voltemos às orações "Os representantes do tipo Dois gostam de ser úteis" e "Eles são amigos fiéis que sabem dar apoio" e acrescentemos uma ressalva: contanto que você descubra quais são as necessidades e as segundas intenções deles.

> *Por vários anos, fui assistente do principal CEO de uma empresa. Não consigo me lembrar qual foi o estopim – talvez ele estivesse dando mais atenção à outra secretária ou qualquer coisa assim –, mas o fato é que eu tinha que me vingar. Levei-lhe um café e coloquei dois chocolates deliciosos na bandeja. Ele estava fazendo dieta, e eu sabia que não conseguiria resistir.*

O tipo Oito pode bufar e dizer: "E isso lá é vingança?" Porém para o tipo Dois, que quer ser visto sempre como útil e prestativo, essa sutileza é uma vingança sim. Mas também poderia ser a vingança do veneno na taça de vinho, em vez da facada! Lembra-se daquela foto que Diana tirou sozinha na frente do Taj Mahal?

Por outro lado, o que há de positivo na passagem do tipo Dois ao Oito é que ela lhe torna mais fácil verbalizar as próprias necessidades e lutar pelo que é seu.

Quando o tipo Dois se sente amado e em paz, sua energia flui para o tipo Quatro, o Romântico. Infelizmente, isso quer dizer também que talvez surjam inseguranças quando ele estiver feliz com um novo relacionamento: "Isso é tão bonito que não pode ser verdade", "Isso não pode durar", "Isso vai acabar em lágrimas". O que há de positivo nessa passagem de energia é que, no tipo Quatro, o Dois é capaz de usar a criatividade, podendo com isso atingir um grande desenvolvimento espiritual. Assim, também terá mais capacidade de ficar a sós para apreciar a natureza, a música e as artes em geral.

> *Percebi que jamais havia ficado sozinha por muito tempo. Um dia, resolvi romper com essa carência de gente por perto o tempo todo. Disse a todos os meus amigos que ia viajar por uma semana, tirei o telefone do gancho e fiquei sozinha em casa. Ao fim de uma semana lendo, escrevendo, caminhando e fazendo jardinagem, meditação e yoga, já não sabia como havia conseguido viver até então sem nenhum tempo só para mim. Sem ninguém para me distrair, percebi minhas próprias necessidades e o modo como eu gostava de estruturar meu dia. Hoje fico a sós regularmente; me dá muita paz – uma sensação de liberdade.*

coisa que você talvez ache muito sedutora se tiver um relacionamento com uma pessoa desse tipo. E não é só nisso que os representantes do tipo Dois são sedutores — eles podem ser alegres filhotinhos de cachorro, mas sabem muito bem usar a sedução.

> *Quando ia a uma festa, eu procurava logo descobrir quem era a fêmea alfa e pensava "Vou ficar com essa". Jogava todo o meu charme em cima dela, adivinhando o assunto de que ela mais gostava de falar, e me tornava quem ela queria que eu fosse. Quando ela mordia a isca, eu sentia o orgulho crescer literalmente no meu coração pelo fato de ela haver escolhido a mim para levá-la para casa.*

Os representantes do tipo Dois muitas vezes afirmam mudar de rumo no meio de uma frase quando intuem que sua opinião não está sendo bem recebida. Mas, em meio a tanta adaptabilidade, onde é que está o tipo Dois? Quem é ele? Com toda essa doação e adaptação às necessidades alheias, as dele próprio acabam se perdendo. Ficam tão reprimidas que até mesmo ele tem dificuldade em reconhecê-las. E — veja só — ele espera que você as adivinhe. A seco, sem nenhuma pista. Além disso, ao contrário do resto do mundo, o tipo Dois se gaba de não ter necessidade nenhuma.

As pessoas do tipo Dois tentam tanto não parecer carentes que, se as magoar, você talvez nunca saiba. Elas são mais que mestras em bancar as duronas.

Passei horas preparando um jantar que sabia que ele ia adorar. Caprichei na decoração da mesa e até comprei um vestido novo. Quando ele chegou, meia hora atrasado, com uma desculpa de que já tinha outro compromisso, me ouvi dizer com um sorriso: "Não tem problema, tudo bem. Ligue quando estiver disponível..." Rompi em prantos assim que fechei a porta atrás dele.

Talvez em algum momento do seu relacionamento com alguém do tipo Dois você comece a se sentir meio mal diante de toda essa doação. Talvez a simpatia e a cordialidade acabem parecendo mais um excesso, uma coisa digna de Pollyanna*. Mesmo não sendo judeus, os representantes do tipo Dois propiciam uma excelente idéia do arquétipo da mãe judia. A balança sempre pesa mais do lado em que você está. Você tenta dar, mas sempre acaba recebendo ainda mais. No fim, é impossível não se sentir em débito.

Um paciente me trouxe cinco peixinhos dourados num balde e contou-me que tinha passado quase uma hora para pegar cada um deles para mim. Eu não lhe havia pedido peixinho nenhum (meu tanque tinha sapos e eu sabia que os peixes comeriam os ovos deles) nem que passasse cinco horas para capturá-los. E muito menos que me viesse trazê-los em casa.

O tipo Dois tem o hábito da adulação. Você queria apenas sair para jantar com sua cara-metade no dia do seu aniversário... por que é que ela inventou de fazer essa festança e convidar tanta gente? Por acaso foi aquela conversa sobre sua cultura, seu senso de humor e seu fantástico bom gosto que o aliciou a concordar com a idéia? Seria muito útil ao tipo Dois escutar a si mesmo falando quando entra nessa "onda".

As pessoas desse tipo costumam frisar o quanto é importante que os outros prestem atenção quando elas se conscientizam das próprias necessidades reprimidas e conseguem verbalizá-las. Para o tipo Dois, pedir ajuda é um esforço monumental. Por isso, se seus interlocutores procurarem atender a essas solicitações com naturalidade, será mais fácil para as pessoas do tipo Dois continuarem a pedir o que desejam com sinceridade, em vez de manipular as situações para conseguir o que querem. Assim, o relacionamento se tornará mais limpo, sadio e equilibrado. A propósito, há um mito nos círculos voltados para o Eneagrama segundo o qual o tipo Dois não gosta de receber. Só que não é nada disso: ele precisa apenas de um pouco de prática e incentivo. Além disso, ele precisa aprender a aceitar ajuda ou um presente com gentileza e simplicidade, sem exagerar.

A humildade esvazia a soberba. A pessoa do tipo Dois que é evoluída dá sem expectativa de receber e é generosa com discrição, sem nenhuma necessidade de alarde. Ela é humilde o bastante para reconhecer que também tem suas necessidades e, como todo mundo, depende dos outros. Este é o caminho para a mentalidade superior do tipo Dois: a liberdade.

* Heroína do romance homônimo de Eleanor Porter. Por extensão, toda pessoa cujo otimismo é tolo e infundado. (N. da T.)

Como o tipo Dois pode se cuidar e crescer

- Fique a sós de vez em quando, em casa, na natureza. Caminhe ao ar livre. Viaje sozinho.
- Observe quando a raiva surge e procure descobrir o que está reprimindo.
- Dê um presente sem se identificar.
- Aprenda a identificar quando o orgulho começa a crescer.
- Observe quando está sendo um adulador.
- Medite regularmente, procurando sempre evitar que a mente divague para os outros.
- Pratique yoga regularmente, atentando em especial para a postura indicada para o tipo Dois (pp. 128-129).
- Observe quando muda de opinião/estilo/*hobby* só para combinar melhor com alguém.
- Lembre-se de que nem todos gostam de você e que isso é normal.
- Pratique dizer a verdade (mesmo que negativa) com sinceridade, sem tentar distorcê-la para o lado positivo.
- Sabe como é bom ajudar as pessoas? Pois dê aos outros a chance de desfrutar da mesma sensação.
- Pratique dizer "Não" e não dê explicações longas.
- Aprenda a reconhecer não só a adulação, mas também a soberba, pois só assim poderá trabalhá-los. Empenhe-se em transformá-los no oposto: a humildade.

Como dar apoio ao tipo Dois

- Quando ele manifestar uma necessidade, reaja e procure atendê-la.
- Procure mostrar-lhe que ele é querido pelo que é, e não pelo que dá.
- Seja generoso com ele e diga-lhe que isso faz você se sentir bem. Assim ele vai aprender a receber.
- Incentive-o a dar um tempo, relaxar e não fazer nada enquanto você toma a frente. Divirta-se ao lado dele.
- Procure amenizar um pouco as críticas, pois ele é extremamente sensível a elas.
- Lembre-se do aniversário dele.
- Incentive a criatividade dele.
- Se ele for importante ou especial para você, diga-lhe isso.
- Não fique decepcionado se ele quiser ficar só. Incentive-o.
- Procure saber dos problemas dele e não o deixe concentrar-se só nos seus.

"O que mais me agrada em ser do tipo Dois"

- A facilidade em travar relações com todo tipo de gente em qualquer situação.
- O fato de ter muitos amigos interessantes.
- O fato de a generosidade ser minha segunda natureza.
- A facilidade em ser empático e intuir as necessidades das pessoas.
- O fato de ter muita disposição e entusiasmo.

"O que mais me desagrada ou tenho dificuldade em fazer por ser do tipo Dois"

- Fico quase sempre exausto de tanto cuidar das necessidades de todos.
- Muitas vezes me esqueço de atender às minhas próprias necessidades.
- É quase impossível dizer "Não".
- Tenho tendência a dar *feedbacks* negativos às pessoas.

Como você pode me ajudar

- Obrigue-me a sentar e relaxar de vez em quando.
- Aceite-me quando eu me apresentar de uma forma um pouco menos positiva que o habitual.
- Mostre-me que me estima quando eu não tiver feito nada por você.
- Ajude-me a aprender a pedir ajuda diretamente, em vez de dar indiretas.

elhores qualidades do tipo Três
Entusiástico
Adaptável
lotivador generoso
Decidido
Autêntico
Prático
Otimista
Confiante
Diligente
Automotivado

Piores qualidades do tipo Três
Convencido
Narcisista
Excessivamente competitivo
Capcioso
Presunçoso
Implacável
Impaciente
Superficial
Indisponível emocionalmente
Ganancioso

Paixão
Ilusão

ábito recorrente
Vaidade

Mentalidade superior
Esperança

Virtude
Honestidade

ILUSÃO

Não estou voando — estou caindo com estilo.

Buzz Lightyear

Lutando para fazer seu projeto deslanchar? Precisa diferenciar sua empresa, mudar de estratégia? O melhor que você pode fazer é contratar alguém do tipo Três. Decidido, destemido, adaptável, otimista — nenhum outro tipo se compara a este em termos de energia e motivação. Estamos falando de agilidade, garra, entusiasmo e visibilidade. Ele espera o sucesso e quase sempre o alcança. Capaz de fazer várias coisas ao mesmo tempo, o tipo Três dificilmente se envolve com apenas uma. Perito em manter todas as bolas no ar, ele se frustra pelo fato de o computador não conseguir acompanhá-lo, por mais *upgrades* que faça.

Seu otimismo é sem dúvida marcante. Ande com ele por uns tempos e logo, logo você vai acabar se convencendo de que poderia comprar o Porsche dos seus sonhos e de que o dinheiro cresce mesmo em árvores. Preocupação é coisa de incompetentes. O tipo Três é extremamente competitivo — um vencedor. A apresentadora Joan Rivers afirma que é competitiva desde os primeiros anos da escola primária, e a cantora pop Madonna ambicionava ser a mulher mais famosa do mundo. Para pessoas desse tipo, o pior palavrão começa com a letra F, nesse caso, "fracasso" e não existe no seu vocabulário. O tipo Três sabe qual é o cavalo que vai ganhar a corrida; você seria um bobo de não apostar nele. Veja só as probabilidades! Agora, tem uma coisa: depois não vá com os bolsos vazios perguntar-lhe por que esse cavalo ficou em penúltimo lugar. Se ele perceber que você caiu das nuvens (o que é improvável, pois ele nunca faz isso), vai tentar convencê-lo de que o tal cavalo estava simplesmente guardando as forças para a corrida do sábado: "Sábado é o grande dia..."

A vida é para ser vivida ao máximo: em vez de *ser* humano, o tipo Três é o *fazer* humano do Eneagrama. Acorda às 5h30, verifica o e-mail, dá uma corrida, liga pelo celular para várias pessoas a caminho do trabalho, passa batom quando o sinal fecha, liga para a babá para lembrar que a filha tem dentista hoje e para a filha para desejar-lhe um bom dia na escola e concentração para tirar 10 na prova. Celulares, *laptops*, *palmtops*, todas as engenhocas do mundo moderno provavelmente foram criadas por alguém que pensava nas pessoas do tipo Três. Grandes realizadores, eles esperam que a família os acompanhe em sua escalada ao topo.

Cheguei da escola com o resultado da prova de matemática. Eu achava que 98% era bem bom, mas ela só queria saber o que tinha saído errado. Jurei para mim mesmo que chegaria a 100% da próxima vez. E a partir daí, só tirei 10 no segundo grau e na faculdade.

O café da manhã é tomado em pé ou em meio a ligações telefônicas; o almoço é uma reunião (com algumas ligações pelo meio). A agenda é cheia de encontros, e é melhor a secretária ter muita prática em resolver marcações duplas. As noites raramente são para relaxar (para que perder todo esse tempo?). Se não estiver trabalhando, ele vai estar na academia malhando para deixar o corpinho em forma.

Os representantes do tipo Três são superpais, diretores, políticos, primeiros-ministros, presidentes — os manda-chuvas deste mundo. Eles podem até ser terapeutas, contanto que sejam os mais famosos da cidade. Eles proliferam na indústria da construção civil, mas não levando baldes de cimento nos ombros. Nada disso; são os arquitetos, os donos, criando um império junto com a casa que estão construindo para você. Para eles, a imagem é fundamental. Seguramente, Hollywood está repleto de pessoas desse tipo, cada uma tentando superar a outra no tapete vermelho quando os *flashes* começarem a espocar, para não falar nos filmes; todas esticando, encolhendo e preenchendo os próprios corpos até atingir a perfeição. Geralmente, são atletas e esportistas bem-sucedidos. Sempre que souber de alguma história de sucesso de alta visibilidade, procure o tipo Três que a protagoniza. Se uma coisa é certa, é que não é ele quem vai fazer a coleta do lixo.

É o seguinte: o fracasso não é uma opção. Não vou entrar num projeto se não achar que ele vai dar certo ou se não puder dar um jeito se ele der problema. Se por acaso começar a dar para trás, não perco muito tempo com ele — passo logo ao próximo. E, para mim mesmo, digo que ele teve seu sucesso de qualquer maneira e que não foi nada demais. Se as entregas de equipamento tivessem sido feitas a tempo, o projeto teria deslanchado. Mas na maioria das vezes, simplesmente não penso mais nele.

Em geral vistos como generosos, "gente boa", os representantes do tipo Três são muitas vezes homens e mulheres bonitos, atraentes, donos de um sorriso cativante e contagiante. É fácil deixar-se inspirar pelo sucesso deles e difícil resistir ao calor de sua cordialidade, a seu tapinha nas costas. Como o Buzz Lightyear de *Toy Story*, eles estão sempre prontos a salvar o mundo e adoram ser elogiados e considerados membros da alta roda.

O que me traz de volta à questão da imagem. O tipo Três jamais se conformaria em ser visto com o traje errado — na rua, na academia, na praia ou em casa. Preferiria mudar de imagem várias vezes por dia a não estar à altura do personagem. Observe como o primeiro-ministro britânico Tony Blair muda de sotaque conforme os diferentes grupos a que se dirige. Ele fala de uma forma quando se dirige aos membros do parlamento, de outra quando fala com um balconista na rua e de outra quando conversa com um astro do *rock*. E, ao contrário de Thatcher, é conhecido por ser adepto do "vestir-se aquém" quando isso contribui para torná-lo um membro do grupo.

O tipo Três é muito valorizado na sociedade norte-americana, muitas vezes caracterizada como uma "cultura do Três". Os presidentes Ronald Reagan e John F. Kennedy (que mantiveram em segredo doenças graves) provavelmente pertenciam a esse tipo. Apesar de ser um tipo menos apreciado na Inglaterra e em outros países da Europa, a Grã-Bretanha tem seu Tony Blair e a França, seu Jacques Chirac. Em Hollywood, temos Tom Cruise, Sharon Stone, Arnold Schwarzenegger e Nicole Kidman, entre outros. David e Victoria Beckham, assim como Mick Jagger, são também bons exemplos.

Ilusão — a paixão do tipo Três

Pergunto-me se você não sentiu uma subida no nível de energia ao ler a descrição do tipo Três. Talvez esteja até um pouco cansado só de pensar em como essas pessoas vivem. É possível que você já esteja percebendo que o problema desse tipo é a forte identificação com a tarefa, com o produto: a ilusão para ele está nessa identificação.

Se você acha que só é amado por causa de suas realizações ou de sua imagem (que muda), será que às vezes não se sente meio vazio? E se, no fundo, você só quiser ser amado pelo que é, não pelo que conquistou? Você pode iludir a multidão de adoradores, fazendo-a pensar que você é aquilo que faz, mas será que pode iludir a si mesmo?

O problema é que, quando aquela tarefa é cumprida, eu só me sinto bem um instante. Eu entro em alfa só um segundo mesmo, pois depois a coisa perde totalmente a substância e eu tenho que ir atrás de outra. Na verdade, nunca tenho a sensação de ter conseguido realizar nada.

O que é que a criança do tipo Três sente quando vê os coleguinhas que ficam sempre na última fila da sala serem abraçados pelas mães mesmo assim? Quando você só é recompensado por realizar proezas e acha que é nisso que consiste o amor, o que acontece quando você fracassa? O que acontece quando você não consegue mais esconder as rugas que teimam em surgir? Como você se sente quando pára e percebe que a ilusão se despedaçou? A auto-estima do tipo Três na verdade é muito tênue; é como um monstro faminto que jamais se satisfaz. O tipo Três é um dos tipos do Coração — esse é seu centro intuitivo. E geralmente é o coração que paga o preço — veja o caso de Tony Blair. O "fazer" humano é também um ser humano, e o corpo tem seus limites.

> *Eu não me atrevo a parar. Se parar e relaxar, só sinto um grande vazio por dentro e detesto essa sensação. Então, vou lá e faço alguma coisa, inicio outro projeto ou saio para correr — qualquer coisa que me impeça de enfrentar esse lugar vazio de onde vêm os sentimentos. Se estiver ocupado, consigo me iludir que não tenho nenhum, que tudo está bem. De qualquer forma, se me conhecesse como eu sou, ela me abandonaria, não é verdade?*

Se você estiver envolvido com uma pessoa do tipo Três, sabe como às vezes é difícil acompanhar seu ritmo. No começo do romance, você pode se iludir achando que o mar de rosas vai durar para sempre. Mas tome cuidado. Se as luzes do palco se apagarem, ela vai desaparecer, correndo atrás do projeto seguinte antes de a cola do atual ter secado. E conquistar você pode simplesmente ser mais um projeto.

O que acontece com o marido ou a mulher de alguém do tipo Três se de vez em quando quiser apenas ficar em casa assistindo filmes na TV? Ou cansar de férias "radicais" e não gostar tanto assim da última mania esportiva dele/a? Como assim — se tem o carro mais caro, as crianças estão na melhor escola e seu bairro é o mais chique? O que mais pode querer esse marido ou essa mulher? O tipo Três pode se iludir que isso é o que ele quer, mas será que consegue iludir você também? Para ele é difícil lidar com lágrimas e emoções. Sentindo-se pouco à vontade diante dos próprios sentimentos, ele talvez comece a achar os seus um peso, um empecilho às suas realizações. Maridos e mulheres-troféus não podem reclamar. Não me entenda mal, o tipo Três se empenha muito para que seu relacionamento dê certo (mesmo porque não quer que os outros pensem que ele fracassou). Só que "fazer" pode não ser suficiente quando o que se precisa é "ser". O parceiro pode ficar com a impressão de que aquilo não é autêntico.

Para a personalidade do tipo Três, os detalhes são uma chatice. O que acontece quando as etapas queimadas para concluir as tarefas finalmente se revelam necessárias? Você achava que a construção era segura — então por que o telhado desabou? O tipo Três vai enfrentar as conseqüências? Se você insiste em pegar a batuta da tarefa seguinte porque a atual está meio "enrolada", para onde é que vai mesmo o gostinho do sucesso?

Nossas paixões podem não ser cômodas, mas na verdade são nossas aliadas porque nos mostram como podemos nos transformar. Quando o tipo Três consegue atentar para a maneira como se ilude e ilude os outros e observa como as ilusões se desfazem, o caminho para a honestidade se abre. No tipo Três, a mentalidade superior conhece a esperança — a esperança num nível profundo, aquela que confia em que tudo está por acontecer como deveria e se deixa guiar por uma força superior. Quando ele aprende a deixar falar essa força, pode atingir a verdadeira satisfação.

Tipo Três – o dinâmico fluxo da energia

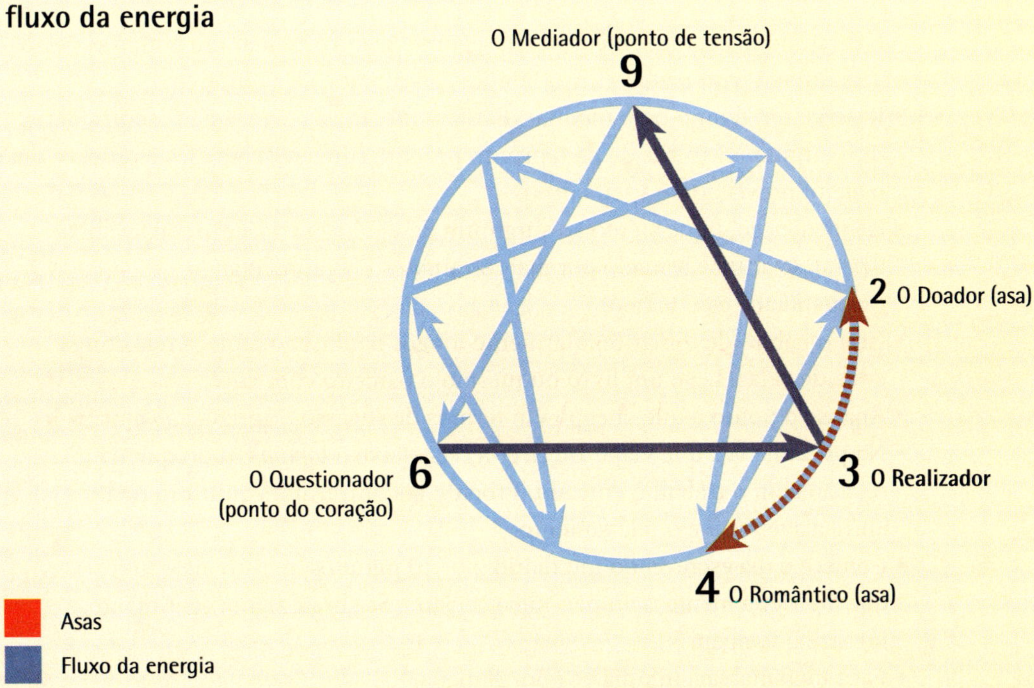

As asas

Além de reconhecer melhor os próprios sentimentos, o tipo Três que tem asa Dois forte é mais compassivo, carinhoso, sociável, popular e sedutor, sendo mais capaz de dar atenção às necessidades alheias. Além disso, ele pode se dedicar mais aos relacionamentos.

O tipo Três que tem asa Quatro mais desenvolvida é mais criativo, artístico e cheio de imaginação, mas pode também ser mais emocional, introspectivo e pretensioso.

O fluxo da energia para o tipo Três

Quando se sente seguro, sua energia passa ao tipo Seis, o Questionador. Nesse caso, ele fica mais à vontade entre os amigos e até se permite explorar os próprios sentimentos, voltando-se mais para as necessidades do grupo, em vez de pensar em controlá-las. Porém, nesse espaço ele também se sente mais vulnerável e pode reagir com o medo e as dúvidas do tipo Seis.

> *Quando finalmente me senti seguro, comecei a duvidar de mim mesmo. Era uma sensação estranha, nem um pouco agradável. De certa forma, a vida era mais fácil antes de eu começar a questioná-la, mas pelo menos estou sentindo alguma coisa.*

Quando está tenso, o tipo Três entra no espaço do Nove, o Mediador. Segundo relatam representantes desse tipo, o excesso de trabalho pode levá-los a total inatividade, quase a ponto da catatonia. Infelizmente, só depois do primeiro colapso ou ataque cardíaco é que eles param e fazem um balanço da situação.

Como o tipo Três pode se cuidar e crescer

- Nas reuniões, experimente ficar em segundo plano e escutar um pouco as pessoas.
- Tire um dia para passar com a família e faça o que eles quiserem.
- Reserve um tempo para meditar diariamente. Preste atenção aos sentimentos que surgirem. Em vez de os reprimir, procure conviver com eles e observe qual o efeito provocado no seu corpo.
- Na meditação, fique atento ao surgir um desejo incontrolável de se levantar e parar. Continue sentado por mais 5 minutos e vá aumentando gradualmente esse tempo.
- Crie o hábito de tomar regularmente longos banhos com óleos relaxantes e luz de velas. Leve um livro ou mesmo o parceiro com você.
- Analise o ponto a que chegou em termos de sucesso e aprenda a valorizá-lo.
- Na próxima vez que viajar ou tirar férias, deixe o *laptop* e tudo que tiver relação com o trabalho em casa. Procure encontrar um equilíbrio melhor entre a aventura e o relaxamento.
- Comece o dia escrevendo um diário: por 10 minutos, registre nele tudo que lhe vier à mente, sem nenhuma censura. Se surgir algum sentimento, registre-o também.
- Faça uma massagem uma vez por semana.
- Libere as tensões do corpo praticando yoga diariamente, em especial as posturas indicadas para o tipo Três (pp. 130-131).
- Sempre que puder, medite sobre a impermanência — isso o ajudará a discriminar aquilo que é importante.
- Identifique a ilusão e a vaidade na sua forma de agir, a fim de cultivar seu oposto: a honestidade.

Como dar apoio ao tipo Três

- Elogie-o pelo que ele é, e não pelo que ele faz.
- Incentive-o a trabalhar menos e a relaxar.
- Não o sobrecarregue com seus sentimentos.
- Lembre-lhe que no leito de morte ninguém diz: "Gostaria de ter passado mais tempo no escritório."
- Crie ambientes cheios de paz e harmonia.
- O Três é um dos tipos do Coração — leve-o para assistir um filme muito sentimental e dê-lhe muito carinho.
- Não faça confusão por perto quando ele estiver ocupado com o trabalho.
- Valorize seus projetos e dê-lhe *feedback* sincero porém gentil: lembre-se de que, no fundo, a auto-estima dele é baixa.
- Diga-lhe o quanto gosta dele do jeito que ele é.
- Faça-o desacelerar e ver o orvalho em uma folha ou uma aranha tecendo a teia.

"O que mais me agrada em ser do tipo Três"

- O pique sempre "a mil".
- A certeza de ir até o fim quando assumo uma coisa.
- O senso de realização.
- Ser reconhecido e elogiado por todos.
- O otimismo — sempre haverá um meio de resolver os problemas. Ei, os problemas na verdade são oportunidades!

"O que mais me desagrada ou tenho dificuldade em fazer por ser do tipo Três"

- Parar para sentir o perfume das rosas.
- Relaxar.
- Achar tempo para a contemplação e a reflexão.
- A pressão pela realização.
- A idéia que as pessoas têm de que o tipo Três é superficial ou não liga para nada.

Como você pode me ajudar

- Incentive-me a ver o relaxamento como "tarefa": por exemplo, marcando na agenda um horário para meditar ou fazer yoga.
- Elogie-me e diga-me que gosta de mim quando eu não tiver feito nada.
- Observe minhas reações emocionais e procure apoiá-las.
- Observe quando eu reagir movido pela ambição do *status* e chame a minha atenção.
- Incentive-me a fazer uma coisa de cada vez, concentrando-me inteiramente só nela.

tipo quatro o romântico

INVEJA

Minha alma é um campo partido, arado pelo sofrimento.

Sara Teasdale

Melhores qualidades do tipo Quatro
Artístico
Empático
Criativo
Sociável
Carinhoso
Incentivador
Prestativo
Compassivo
Intuitivo
Expressivo

Piores qualidades do tipo Quatro
Excessivamente dramático
Egocêntrico
Temperamental
Depressivo
Suscetível à culpa
Obstinado
Retraído
Moralista
Acanhado
Rechaçador

Paixão
Inveja

Hábito recorrente
Melancolia

Mentalidade superior
Contato com a essência original

Virtude
Equanimidade

Você caminha devaneando pela praia, deixando atrás de si pegadas que se enchem de água dourada. Sentindo a areia penetrar entre os dedos dos pés, você relembra a última vez que passeou por aqui, abraçada a seu amor. Será que foi ontem mesmo que tudo acabou? Hoje as nuvens parecem estar ainda mais vermelhas e o perfume dos tojos, ainda mais doce. Você sente até agora o distante sabor de sal que tinham os lábios dele naquele beijo de despedida. Uma andorinha dá um rasante; a cauda quase tocando a água. Você pensa que gostaria de ser aquele pássaro tão livre, tão gracioso. Seu coração se anima um pouco e você se enrola mais no xale; a brisa é como frias fitas de cetim sobre a pele. Você solta um suspiro: "Ah, se... ah, se..."

Bem-vindo ao território do tipo Quatro.

Eu já estava nervoso com a passageira sentada ao meu lado. Ela não havia parado de chorar desde que saímos de San Francisco e já tínhamos mais de duas horas de vôo. Toquei-lhe de leve o braço. Ela tirou os fones de ouvido. "Você está bem? Posso fazer alguma coisa?" "Não, tudo bem", soluçou ela. "É só a música... É tão... tão comovente..."

Estamos falando de anseios doces, pungentes e intensos. Os representantes do tipo Quatro são os românticos do Eneagrama, artistas e criadores, pessoas com sentimentos desmesurados. "Anestésico" também é o oposto de "estético". E se há duas coisas que seguramente "anestesiam" o tipo Quatro, elas são o "monótono" e o "comum".

A criança do tipo Quatro se sentiu abandonada. Havia um amor perfeito e ele lhe foi roubado; pode ser que ela o reencontre um dia. A perda pode ser real — como a ausência ou morte de um dos pais — ou pode ser uma sensação subjetiva intrínseca. Seja como for, a idéia é a mesma e concentra-se na perda e no abandono, no que está faltando.

Para encontrar representantes desse tipo, basta procurar qualquer área da vida em que se reúnam pessoas criativas. Eles estão atuando em filmes, na TV, no palco, pintando, escrevendo, tocando ou compondo música. Entre os mais famosos, podem incluir-se Oscar Wilde, Sylvia Plath, Keats, Shelley, Anais Nin, Bet-

te Davis, o príncipe Charles, Vincent Van Gogh, Rudolf Nureyev, Martha Graham, Virginia Woolf, Edith Piaf, Joan Baez e Marlon Brando. Quando são terapeutas, eles envolvem-se em trabalhos profundos e transformadores. Se são *chefs*, criam pratos únicos; se são decoradores, têm bom gosto e ousadia para inovar com cores sutis e incomuns. São pessoas que, com um simples lírio branco, podem transformar todo um cenário. Seus banheiros têm velas; seus quartos de dormir recendem a óleos exóticos.

Ontem eu estava cavando quando um pedaço de grama me chamou a atenção. Era de um azul bem vivo. Imediatamente me aprumei e fiquei admirando a força com que aquela coisinha sobressaía no meio de toda aquela terra marrom.

As pessoas do tipo Quatro são assim. Mesmo quando é pela porta dos fundos, fazem uma entrada em grande estilo. É como se sempre arrastassem atrás de si um manto. Elas têm adoração por seu estilo próprio e, ao contrário dos outros dois tipos do Coração, o Dois e o Três, nem em sonhos o mudariam para ganhar sua aprovação. Se quiser cortejar alguém do tipo Quatro, dê-lhe um presente exclusivo, cuidadosamente escolhido — isso o fará sentir-se especial. Não precisa ser caro. (Certa vez, dei a uma amiga desse tipo um ovo oco de cobra-de-capim que encontrei na minha pilha de lixo orgânico, e ela adorou o presente.) A vida comum é considerada algo vulgar pelo tipo Quatro. Cores descombinadas, cadeiras de plástico e tecidos sem bom caimento são para ele uma ofensa ao bom gosto.

Os representantes do tipo Quatro desfrutam da riqueza de sua vida emocional e gostam da melancolia criadora. Eles lidam de três formas com a sensação de perda ou abandono. A primeira: alguns ficam profundamente deprimidos, e não apenas melancólicos. Só que a depressão não os ajuda a criar, pois os encerra num mundo de introspecção. A segunda: outros representantes do tipo Quatro não parecem estar nem um pouco deprimidos. Em seu afã de encontrar o trabalho, companheiro ou o que quer que seja perfeito, eles se tornam hiperativos. Sempre passando de um caso a outro, ficam "ligados" a maior parte do tempo. E os do terceiro tipo oscilam loucamente entre um extremo e outro.

As pessoas me perguntam se as emoções dela não estão pregadas nas paredes da casa inteira, agora que ela está grávida. Eu respondo que não percebi nenhuma diferença!

Já que vivemos num mundo "esteticamente prejudicado", esse hábito de atenção pode se tornar um problema para o tipo Quatro. O único ser que pode completá-los — o amor tão ardentemente desejado, a divindade fabulosa que criaram mentalmente — provavelmente está tão sujeito quanto qualquer um de nós a ficar com espinafre preso entre os dentes. Decepcionado, ele vai embora e, de repente, aquilo que já não pode ter se tinge de cor-de-rosa. Ele se lembra das mãozinhas delicadas, dos lábios macios dela e quer voltar para seus braços. Ao abraçá-la, ele percebe que ela ganhou uns quilinhos desde a última vez que se viram. E assim se mantém o padrão "gangorra", comum ao tipo Quatro na sua busca do ideal. Assim que ele obtém o que queria — seja homem, mulher, emprego ou chalé com rosas na entrada —, sua atenção se volta para o que está faltando. Como então isso poderia acabar em outra coisa que não uma sensação de decepção?

Ironicamente, as pessoas desse tipo se satisfazem mais desejando o inatingível que conquistando-o e arriscando-se a perder a intensidade emocional. A garota do avião na verdade não estava aflita nem angustiada no sentido que essas palavras teriam para os demais tipos do Eneagrama. Essas pessoas gostam de aumentar a voltagem das emoções; isso as faz sentir-se vivas. Só que aqui há um paradoxo. Como a melancolia envolve um certo prazer, elas podem animar-se e sair dela com muita facilidade:

Seu ex estava lá, paquerando outra mulher. Ela escondia-se pelos cantos, entre as sombras, observava-o avidamente e falava do seu sofrimento a quem quer que se aproximasse. Estava começando a estragar a festa. Por fim, eu lhe disse: "Trate de se animar, tá? Eu estou dando uma festa e preciso de sua ajuda. Não tenho tempo para todo esse drama." Ela deu um sorrisinho, pegou a bandeja de salgadinhos e saiu, toda coquete, em direção aos convidados.

Isso me faz pensar no lado empático do temperamento das pessoas do tipo Quatro. Quando você está vivendo dificuldades, elas o apóiam com ainda mais generosidade. E não se furtam nos momentos mais significativos da vida: nascimentos, mortes, rupturas. É aí que elas vivem. Resta-me dizer que essas pessoas podem beirar a temeridade na sua busca de intensidade (às vezes, até consideram o suicídio uma opção), devendo sempre ter muito cuidado com isso.

Inveja — a paixão do tipo Quatro

A sensação de perda é internalizada pelo tipo Quatro como a sensação de que pessoalmente lhe falta alguma coisa. Por mais sucesso que alcance, ele tende a não se achar digno e a sentir vergonha e raiva de si mesmo.

Sempre que vou a uma festa, olho em volta e observo o que as pessoas estão vestindo. E sempre vejo gente usando roupas maravilhosas e acessórios fantásticos, melhores que os meus, coisas que eu gostaria de ter. Acabo me sentindo acanhada, totalmente inadequada.

Nós vemos pessoas criativas e bem-sucedidas; elas vêem fracasso e falta. Elas vêem os outros com parceiros, empregos, lares perfeitos e anseiam por ter o mesmo. Esse hábito mental pode torná-las extremamente competitivas — só que aí há uma armadilha. Você alguma vez já chegou ao topo da montanha só para descobrir que acima há outro pico mais alto que você ainda não tinha visto? Depois de atingida, a meta antes tão perseguida decepciona, não preenche o vazio. Mais uma vez, o olhar se volta para o pico distante, em nova onda de anseio.

A transformação é possível quando o tipo Quatro consegue desviar o olhar para o que tem, em vez do que deixa de ter. Se nos voltamos unicamente para o passado ou o futuro, minamos muito nossa força vital. Sabe-se que a energia se dirige para o ponto em que nos concentramos. Portanto, é muito mais saudável nos concentrarmos no momento presente. Quem se concentra no que não tem, principalmente através de uma lente distorcida, acaba esgotado, mas o tipo Quatro ainda mais.

As pessoas do tipo Quatro precisam detectar as vezes em que se percebem nutrindo a sensação de perda. Elas devem procurar atentar para o presente através da respiração e repassar a lista do que têm, das dádivas que receberam, sejam elas uma boa saúde, um parceiro amoroso ou uma casa bonita. Vale a pena elas criarem um "diário da gratidão" e abrirem e fecharem cada dia escrevendo cinco coisas pelas quais são gratas. Embora pareça simplista, é algo que recomendo a qualquer um que esteja atravessando dificuldades, e não apenas ao tipo Quatro. Isso foi o que me salvou durante uma fase muito negra da minha vida. No começo, você talvez ache difícil, mas com o tempo esse exercício opera sua mágica, mudando o foco de uma maneira profundamente transformadora. No mínimo, ele o fará começar e terminar o dia com uma nota positiva. Quando conseguem essa mudança, as pessoas do tipo Quatro recuperam sua profunda sensação de integração com o universo e seu contato com a essência original ou natureza divina.

Tipo Quatro – o dinâmico fluxo da energia

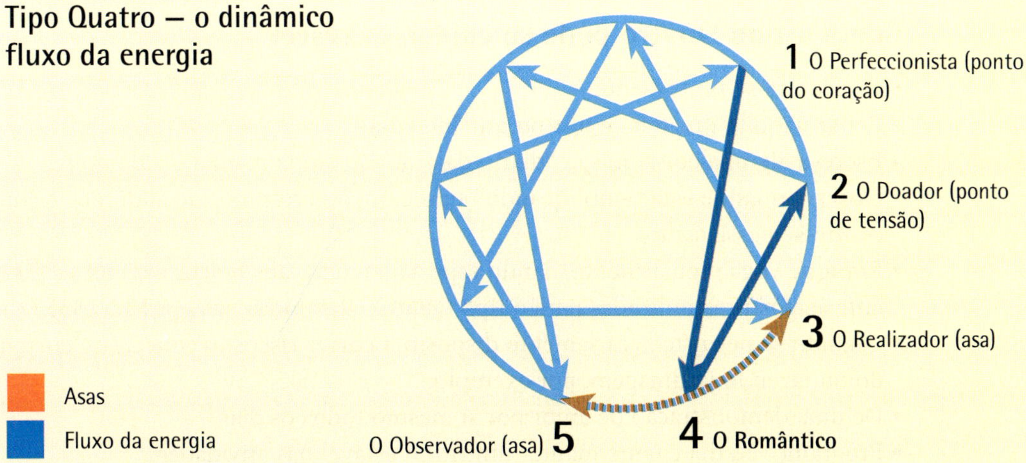

As asas

O tipo Quatro que tem uma asa Três mais forte provavelmente será mais ambicioso, extrovertido e exuberante (será o dono de uma empresa pouco convencional, por exemplo). Provavelmente também tenderá menos a inventar razões para acanhar-se, será mais capaz de agir e terá menos pena de si mesmo.

O tipo Quatro que tem a asa Cinco mais forte será mais introspectivo e terá maior probabilidade de ter uma vida criativa e solitária como escritor, artista, psicólogo ou terapeuta. Porém, talvez seja mais depressivo.

O fluxo da energia para o tipo Quatro

Quando o tipo Quatro se sente bem, sua energia flui para o tipo Um, o Perfeccionista. A atenção aos detalhes contribui para trazê-lo de volta ao presente, torná-lo mais disciplinado e menos suscetível às próprias emoções. A perfeição da natureza lhe inspira uma grande equanimidade, a mentalidade superior para esse tipo. Contudo, ele talvez se torne mais crítico, mais moralista e mais decepcionado e rancoroso quando não compreendido.

Quando tenso, o comportamento do tipo Quatro tende em direção ao do tipo Dois, fazendo-o reprimir as próprias necessidades. Quando está no Dois, o tipo Quatro pode criar a convicção de que o parceiro perfeito é a resposta para todos os seus problemas. Além disso, ele pode somatizar a aflição, caindo doente para chamar a atenção. No lado positivo, torna-se mais empático, menos egocêntrico e mais disposto a relacionar-se melhor com os outros.

Como o tipo Quatro pode se cuidar e crescer

- Concentre-se no presente.
- Pense naquilo que tem, e não no que lhe falta.
- Escreva alguma coisa no seu "diário da gratidão" toda manhã e toda noite.
- Observe quando está "amplificando" suas emoções, respire pelo abdômen e concentre-se nesse centro.
- Pratique yoga regularmente, dando especial atenção aos braços e ao tórax. Execute as posturas indicadas para o tipo Quatro (ilustradas nas pp. 132-133).
- Quando se pegar temerariamente disposto a correr riscos, reconecte-se correndo ou fazendo jardinagem, por exemplo.
- Dê uma demonstração de amor por si mesmo todos os dias.
- Programe seu dia e tente manter um ritmo estável nas atividades.
- Procure refrear as emoções quando elas ameaçarem subjugá-lo.
- Saiba que as qualidades que inveja em alguém são qualidades não reconhecidas que existem em você.
- Reserve um tempo para extravasar a dor por suas perdas com música, rituais e atenção. Depois liberte-se delas para sempre.
- Lembre-se de que tudo passa.
- Observe o hábito da inveja para poder transformá-la no seu oposto, a equanimidade.

Como dar apoio ao tipo Quatro

- Lembre-lhe as boas qualidades que ele possui, ressaltando o que mais aprecia e considera especial nele.
- Ajude-o a viver uma vida estruturada.
- Dê-lhe presentes únicos, cuidadosamente escolhidos.
- "Curta" interesses e atividades artísticos com ele.
- Relembre-lhe tudo o que ele já realizou.
- Não subestime a depressão e o caráter temperamental dele, mas ajude-o com diversões criativas.
- Deixe-o só quando ele precisar, mas incentive-o a socializar quando isso for indicado.
- Diga-lhe o quanto aprecia a sensibilidade artística dele e peça-lhe sugestões.
- Convide-o para caminhadas em que ele possa ter contato com a terra e ficar imerso na natureza.
- Quando se sentir inspirado por ele, diga-lhe isso.

"O que mais me agrada em ser do tipo Quatro"

- A capacidade de apreciar o belo em todos os níveis: sensual, emocional e intelectual.
- O fato de que isso torna minha vida rica e prazerosa.
- A intensidade com que sinto a vida.
- A capacidade de atravessar fases "negras" — especialmente o pesar e a tristeza — sabendo que, no fim, sempre darei a volta por cima.
- A sensação de que minha vida poderia ser ainda melhor — ela me dá força para trabalhar por isso e torná-la, de fato, cada vez melhor.

"O que mais me desagrada ou tenho dificuldade em fazer por ser do tipo Quatro"

- A sensação de pobreza, mesmo quando sei que não sou pobre.
- A necessidade de ser importante e respeitado.
- O fato de esperar que as pessoas não me incluam nem me aceitem.
- O desejo de ter um monte de amigos alegres, animados.
- A comparação constante com os outros e a percepção subjetiva do que eles aparentemente recebem da vida.
- O eterno medo de perder as pessoas que me são caras.

Como você pode me ajudar

- Não me deixe manipular você. Não perca o senso de proporção, seja sincero e diga-me o que acha que está acontecendo. Isso vai me inspirar e me ajudar a parar com meu drama.
- Aceite meus sentimentos e, se puder, procure entendê-los mesmo que não concorde com eles.
- Convide-me para fazer coisas a seu lado. Se eu estiver deprimido, convide-me para fazer alguma atividade física divertida na sua academia, a fim de romper o círculo vicioso.
- Se nós discutirmos ou brigarmos, deixe claro que ainda somos amigos e estamos nessa juntos.

Melhores qualidades do tipo Cinco
Sensível
Sensato
Objetivo
Íntegro
Auto-suficiente
Perspicaz
Atencioso
Calmo nas crises
Leal

Piores qualidades do tipo Cinco
Arrogante
Mesquinho
Emocionalmente distante
Crítico com as pessoas
Negativo
Teimoso
Recluso
Inacessível
Indiferente

Paixão
Avareza

Hábito recorrente
Sovinice

Mentalidade superior
Onisciência

Virtude
Desapego

AVAREZA

Menos é mais.

Antes de penetrarmos no mundo particular do tipo Cinco, gostaria de convidá-lo a acompanhar-me numa breve jornada interior. Enquanto está sentado ou deitado lendo este livro, imagine que seu corpo está se contraindo, tentando conter sua energia. Misture-se ao ambiente que o cerca; procure não sobressair. Não faça nenhum movimento abrupto, não toque em nada com os cotovelos nem os joelhos, fique imóvel e calado. Agora, imagine-se sentado diante de uma mesa cheia de livros informativos e recentes. Os livros, muito bem empilhados, são para a pesquisa que você está fazendo. Atrás de você há estantes cheias de livros e arquivos. A campainha do telefone está programada para não tocar para não o perturbar. O brilho da tela do computador oscila a um lado da mesa. Você está num pequeno escritório no fim do jardim. Um caminho de brita serve para avisá-lo que alguém se aproxima.

Sua casa tem o mínimo indispensável de móveis. Seu guarda-roupa tem a quantidade necessária de peças em cores mais ou menos neutras, e nada mais. Embora poucos, os enfeites foram cuidadosamente escolhidos e têm um significado especial. A casa tem um ar limpo, acadêmico. As horas passam; o dia tem um ritmo ordenado, previsível, que você acha reconfortante. Então você ouve a brita ranger. Sua mulher ou seu marido está chegando com uma caneca de chá na mão. Isso é irritante porque interrompe o fio do seu raciocínio. Quando pega o chá, o máximo que você consegue emitir é um grunhido. Aliviado, você a/o observa desaparecer caminhando em direção à casa.

Minha mulher já sabe quando "estou pensando" desse jeito. Até tenho um verbo para isso: digo-lhe que estou "ocupado", e ela trata de me deixar em paz.

A esta altura, eu poderia perguntar-lhe como se sente, mas isso poderia deixá-lo aturdido. Para o tipo Cinco, os sentimentos são uma perturbação cuja única conseqüência é prejudicar seu autocontrole. A criança do tipo Cinco se sentia invadida. Ela percebia o mundo como uma coisa que interferia com seus pensamentos, os pensamentos que as pessoas desse tipo

tanto gostam de ruminar. Pode ser que tenha tido pouco espaço físico para si mesma ou talvez a intrusão tenha sido mental, com solicitações de envolvimento emocional que lhe pareciam desgastantes. A estratégia de sobrevivência dessa criança — a sovinice com o tempo que dedica aos outros — foi desenvolvida justamente para protegê-la disso: ela se recolhe, tanto física quanto emocionalmente. Uma dica: é melhor deixarmos que o tipo Cinco se aproxime de nós que persegui-lo.

As pessoas desse tipo vivem no previsível mundo do raciocínio. Freqüentemente intelectuais, elas não se sentem tão felizes em nenhum outro lugar quanto na própria mente. As emoções são guardadas em sigilo para tratamento posterior e, nesse meio-tempo, são substituídas pelo raciocínio. Se você perguntar a uma dessas pessoas como se sente em relação a qualquer coisa, a resposta geralmente será: "Outra hora eu lhe digo; preciso pensar a respeito." E não se surpreenda se tiver de esperar uma ou duas semanas pela resposta. Certa vez, perguntei a um amigo do tipo Cinco o que acontecia quando ele se apaixonava, já que sem dúvida a paixão é uma emoção muito forte e incontrolável.

Acho que a atração sexual está fora da definição de "sentimento" para o tipo Cinco. Para mim, pelo menos, está. A atração física provoca um salto por dentro (como o que vivencio ao reencontrar minha mulher após alguma separação). Quando a situação envolve apenas duas pessoas, nós do tipo Cinco não temos problemas com o tocar porque não há necessidade de dizer nada. Pelo contrário, o toque evita a necessidade de dizer alguma coisa. Como não há necessidade de outros sentimentos nem de buscar as palavras certas, nada interfere na demonstração do nosso amor e ternura por aquela pessoa. Por isso, somos geralmente muito bons no lado físico dos relacionamentos. Por meio dele, podemos manifestar todos os sentimentos reprimidos.

O tipo Cinco está fazendo um tremendo sacrifício quando deixa alguém entrar no seu castelo. Como em circunstâncias normais ninguém chega muito perto, o compromisso que representa permitir que alguém entre é um grande passo. Essa pessoa deve valer muito a pena para merecer esse sacrifício.

Nunca pensei sobre isso antes, mas para mim o amor não é tão suprimido quanto outros sentimentos. Pergunto-me se o tipo Cinco não escolhe os sentimentos que quer suprimir, por mais subconsciente que seja o processo. Nunca discuti isso com outras pessoas do meu tipo e acho que seria difícil, pois geralmente elas não admitem ter sentimentos e, muitas vezes, nem os reconhecem.

Longe de mim afirmar que as pessoas do tipo Cinco não têm emoções (elas podem ser muito carinhosas e amorosas), mas é que há limites no quanto essas emoções são expressas e quando. Embora gostem de adivinhar o que vai acontecer detalhe por detalhe, quando chega a hora, elas se dissociam de seus sentimentos.

Se convidar um Observador para uma festa, resista à tentação de fazê-lo falar. Isso seria o fim para ele, pois o tipo Cinco detesta ver-se sob a luz dos holofotes. Ele falará quando chegar a hora — e provavelmente com muita erudição — mas não force a barra, pois se o fizer, ele pode sumir sem deixar vestígios. Enquanto os tipos Dois e Três se revigoram na companhia das pessoas, o tipo Cinco se esgota.

Os hóspedes que aparecerem sem ser convidados devem ter o cuidado de não abusar das boas-vindas... porque elas durarão bem pouco.

Mostrei essa citação a outro representante do tipo Cinco, que acrescentou:

Não, os hóspedes que aparecem sem ser convidados não são bem-vindos!

Você está avisado. O tipo Cinco adora trabalhar sozinho em casa, no ambiente monástico de um estúdio, numa universidade ou num laboratório de pesquisa. Desnecessário acrescentar que ele não é lá muito comunicativo ou sociável e prefere ficar em casa.

Vamos sair então... para a sua casa ou para a minha?

O norte-americano Edward Hopper era conhecido pelo temperamento recluso. No excelente documentário de Alan Yentob, exibido pela BBC, David Mean afirma que Hopper foi o primeiro pintor a captar a essência dos espíritos solitários. É famosa a história de que ele riscou uma linha no chão do estúdio que dividia com a mulher (que era do tipo Dois) e exigiu que ela não a ultrapassasse quando estivessem trabalhando. Sua reação ao histrionismo dela era deixar histórias em quadrinhos cruéis, baseadas nas brigas dos dois, na mesa dela.

Você percebeu que, no geral, as citações das pessoas do tipo Cinco são muito concisas? Elas não têm a mínima inclinação a gastar sua energia com um monte de palavras supérfluas. São pessoas que chegam ao cerne da questão com calma e precisão e gostariam que todos nós fizéssemos o mesmo. Certa vez, pediram a Hopper que fizesse um discurso. Esse discurso consistiu em uma palavra: "Obrigado." Caso precise de uma conversa séria com alguém do tipo Cinco, faça o seguinte: marque uma hora com antecedência, diga que não se demorará por mais de 15 minutos e cumpra sua promessa.

Os representantes desse tipo evitam os sentimentos fortes — alheios ou próprios —, especialmente o medo, já que no Eneagrama eles pertencem a um dos três tipos do Medo. Cada um desses tipos tem seu modo de lidar com essa emoção; o Cinco internaliza o medo. Com medo de ser considerado tolo, ele evita a sensação de inadequação e vazio acumulando conhecimentos e, assim, esforça-se sempre por saber mais que todo mundo. Antes de tomar qualquer decisão, ele pesquisa cada questão a fundo. Assim, não é que o tipo Cinco seja inerte — essa é apenas a impressão que ele dá às pessoas. Na verdade, sua mente está continuamente trabalhando.

O tipo Cinco compartimentaliza os próprios pensamentos. Ele lida exclusivamente com um tópico de cada vez e depois o arquiva cuidadosamente. Não é de admirar que nossas interrupções o perturbem tanto. Ao contrário do tipo Três, que é capaz de fazer várias coisas ao mesmo tempo, ele só se sente bem tratando de uma coisa de cada vez. As pessoas do tipo Cinco sentem-se inteiramente à vontade no universo acadêmico, pois este lhes permite isso sem um chefe no seu pé, fazendo cobranças (o tipo Cinco se ressente do controle exercido pela autoridade), e são em geral doutas e eruditas. Albert Einstein provavelmente era um representante desse tipo, assim como J. D. Salinger, J. Paul Getty, Emily Dickinson, Jeremy Irons, Meryl Streep, Buda e Franz Kafka. Um filme que propicia uma idéia muito boa do comportamento típico do tipo Cinco é *Vestígios do Dia*. Observe Anthony Hopkins no papel do mordomo.

Avareza — a paixão do tipo Cinco

Com um controle tão cerrado sobre as emoções, o problema para o tipo Cinco é a impressão de frieza que ele provoca nas pessoas. Ao contrário do tipo Dois, que reprime as emoções, o Cinco se distancia delas. É preciso lembrar-lhe que, quando um amigo se queixa a ele de um problema que o está afetando emocionalmente, às vezes uma resposta cheia de consideração dada uma semana depois não adianta muito! Fica a impressão de que a troca está muito desequilibrada e que o tipo Cinco é muito distante e mesquinho com as próprias emoções, o que é outra manifestação da avareza. Seu hábito de restringir-se pode acabar isolando-o e fazendo as pessoas à sua volta se sentirem rejeitadas e mal recebidas. Por isso, algumas das pessoas desse tipo sofrem de uma terrível solidão.

A necessidade de saber mais por medo de ser considerado falho às vezes faz o tipo Cinco parecer arrogante. Albert Einstein disse certa vez que só há duas coisas infinitas: o universo e a estupidez humana. E que não tinha certeza quanto ao universo.

A avareza pode estender-se a todas as áreas. John Paul Getty instalou uma cabine telefônica no *hall* de sua casa para uso das visitas. Além disso, resistia a desfrutar do conforto que o dinheiro que tinha poderia proporcionar-lhe, preferindo ficar na chuva esperando a carona de um amigo a "torrar" dinheiro com um táxi.

Como no caso dos demais tipos do Eneagrama, a chave para a libertação é identificar como a paixão — que aqui é a avareza — atua sobre nossa vida. Quando percebe quando sua paixão surge, cada tipo tem então a opção (e, como dito antes, o Eneagrama tem a ver com opções) ou de trabalhar aquilo que a provoca e causa dificuldades a ele e às pessoas à sua volta ou de deixar as coisas como estão. Quando percebe que está começando a se recolher e restringir, o tipo Cinco pode então optar por mudar isso. Quando o observador exterior se torna o observador interior, a transformação é possível. E já que é observador por natureza, de saída o Cinco já tem uma vantagem. Além disso, ele tem a sorte de ter na meditação uma tarefa relativamente fácil. Seria útil para ele tornar-se fisicamente mais ativo, ampliar os limites do próprio corpo mexendo os braços e

Tipo Cinco – o dinâmico fluxo da energia

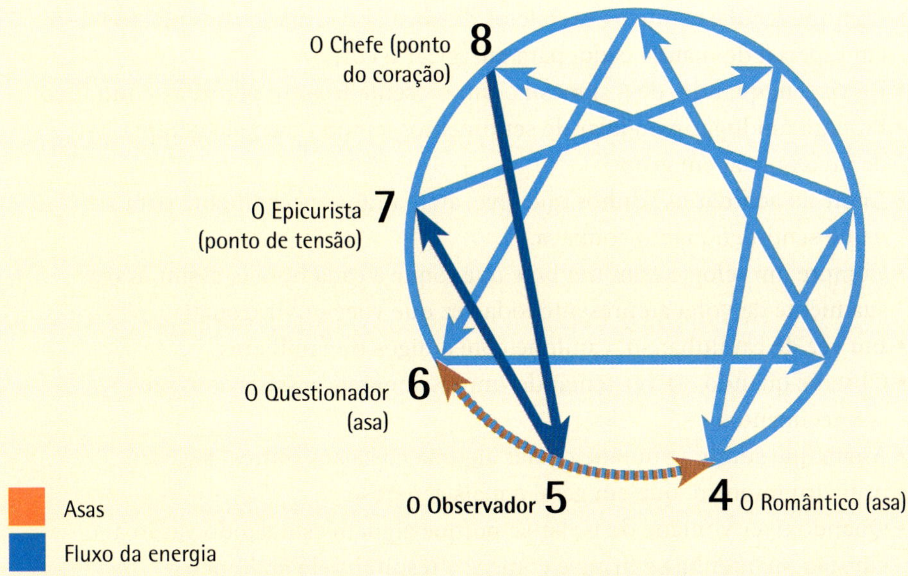

As asas

O tipo Cinco que tende mais à asa Quatro sente-se um pouco mais à vontade com as próprias emoções, tem uma centelha criativa mais forte e é mais empático. Porém, pode ser também um pouco mais egocêntrico.

Com a asa Seis mais forte, o tipo Cinco é mais receoso, mas também mais leal. Suas faculdades analíticas podem ser mais marcantes, possibilitando-lhe ser cientista, por exemplo.

O fluxo da energia para o tipo Cinco

Quando o tipo Cinco se sente seguro, a energia tende a fluir no sentido contrário à direção da seta, para o ponto Oito. Aqui, ele encontra mais energia e isso, por sua vez, o ajuda a agir. Ele fica mais consciente do próprio corpo e torna-se mais extrovertido e aberto. Em vez de recuar e evitar as discussões, ele torna-se mais capaz de expressar a raiva. Por outro lado, pode tornar-se menos justo, ignorando ostensivamente os sentimentos alheios.

Quando está tenso, o tipo Cinco volta-se para o Sete, o Epicurista – que, na verdade, por mais incômodo que lhe pareça (já que assim fica mais dispersivo e desconcentrado), é um lugar benéfico para ele. O lado brincalhão do tipo Sete torna o Cinco mais leve e o ajuda a sair do seu castelo, levar uma vida mais diversificada e libertar-se de algumas de suas inibições.

pernas. O yoga é uma ciência de muita profundidade em todos os seus níveis, e me parece que as pessoas do tipo Cinco de fato desfrutam muito dela. Você pode estar num grupo, mas a pratica sozinho — o que é a forma ideal para o tipo Cinco se exercitar no terreno social, estimular o intelecto e, ao mesmo tempo, ter a garantia de que não haverá invasões nem bisbilhotices.

Como o tipo Cinco pode se cuidar e crescer

- Conscientize-se do seu corpo praticando um esporte.
- Pratique regularmente os exercícios de yoga apresentados nas pp. 134-135, em especial de manhã cedo, para energizar o corpo.
- De vez em quando, dê a si mesmo um presente frívolo; permita-se um luxo.
- Procure um lugar para falar de sentimentos, como uma psicoterapia — de preferência, em grupo.
- Anote ao acordar os sonhos que teve, atentando especialmente para o que sentiu enquanto sonhava.
- Compre um relógio com um bipe que toque a cada hora e, assim, traga sua mente de volta ao presente toda vez que você ouvir o sinal.
- Em vez de caminhar só, caminhe com amigos ou familiares.
- Observe quando estiver tentando impressionar as pessoas com seus conhecimentos.
- Assim que surgir a vontade de dar alguma coisa aos outros, siga seu primeiro impulso, que em geral é mais generoso.
- Quando tiver vontade de isolar-se porque alguém está dando vazão à emoção, mantenha-se firme e comece a respirar pelo abdômen.
- Fique atento ao surgimento da avareza, a fim de poder transformá-la em desapego.

Como dar apoio ao tipo Cinco

- Dê-lhe bastante espaço e respeite sua privacidade.
- Dê-lhe tempo para responder suas perguntas sem interrompê-lo.
- Não exija muito do seu tempo e energia mostrando-se pegajoso.
- Seja paciente ao pedir-lhe que expresse os sentimentos: dê-lhe tempo para pensar sobre eles primeiro.
- Não seja efusivo demais com ele. Uma saudação gentil basta.
- Em vez de grandes festas, *shows* de *rock* ou uma grande reunião de família, compartilhe com ele diversões mais tranqüilas.
- Se precisar desafogar-se com ele, seja breve e escolha o momento adequado.
- Em vez de aproximar-se dele, deixe que ele se aproxime de você.
- Evite obrigá-lo a falar em ocasiões sociais.

"O que mais me agrada em ser do tipo Cinco"

- A possibilidade de ficar à margem do grupo, de não me envolver e de ter sempre uma saída planejada.
- A capacidade de ficar tão absorto num livro que não ouço nem vejo nada do que está acontecendo à minha volta.
- A sensação de estar completamente só.

"O que mais me desagrada ou tenho dificuldade em fazer por ser do tipo Cinco"

- Às vezes, a sensação de invasão quando estou com um grupo de pessoas é absoluta.
- Sempre procuro ficar nos cantos ou perto da porta para poder sair depressa e sem chamar a atenção.

Como você pode me ajudar

- Compreenda que preciso ficar a sós para pensar nas coisas.
- Respeite minha privacidade quando eu não precisar de companhia.
- Compreenda que não estou tentando excluir ninguém nem evitar alguém em particular, mas sim todos, em geral.
- Explore os sentimentos que estão escondidos bem dentro de mim devagar, com muita calma.

tipo seis o questionador

elhores qualidades do tipo Seis
Compassivo
Afetuoso
:onsciente dos seus deveres
Confiável
Trabalhador
Prático
Carinhoso
Espirituoso
Simpático
Leal

Piores qualidades do tipo Seis
Paranóide
Controlador
Defensivo
Rabugento
Imprevisível
Crítico
Rígido
Sarcástico
Rebelde
Inseguro

Paixão
Dúvida

-lábito recorrente
Covardia

Mentalidade superior
Fé

Virtude
Coragem

DÚVIDA

Nenhuma paixão consegue tão bem roubar à mente todo o seu poder de atuação e raciocínio quanto o medo.
Edmund Burke

Psiu! Que barulho foi esse? Você achava que estava só e olha para trás. Será que se lembrou de trancar a porta? Com o coração disparado e os ombros tensos (mas sem consciência de nada disso), você só escuta um silêncio sepulcral enquanto perscruta os sinais do perigo. Quem é? O que quer? Como você pode fugir? A porta se abre devagar. O gato entra pisando macio na sala e você grita: "Não faça isso! Você me assustou!"

Não sei se seu coração também está disparado, mas o meu está, apesar de eu mesma haver criado essa cena. Alfred Hitchcock, um dos mestres do gênero, disse que não há terror algum numa pancada, mas sim no pressentimento dessa pancada. Mas e se o terror não acabar com a pancada? Você consegue imaginar um mundo que seja um único e longo terror, cheio de dúvidas, desconfiança e insegurança?

Eu chego a tremer de pavor. Há algo estranho em ser o centro das atenções. Você tem de descobrir se as pessoas têm uma boa disposição em relação a você ou não. Eu estou sempre alerta — atento a movimentos repentinos, ao tom da voz — para saber quem é amigo e quem não é.

Graças a esse hábito de perscrutar o perigo, o tipo Seis tem o dom de perceber o que poderia dar errado ou ser arriscado. Ele é especialmente perito em detectar perigos implícitos ou ocultos. Leve um amigo desse tipo com você quando for visitar a casa que está pensando em comprar. Ele notará o problema da umidade, as torneiras que estão vazando, o defeito na instalação elétrica e o cheiro do ralo entupido enquanto você ainda estiver admirando, extasiado, a vista maravilhosa.

Meu marido, que é do tipo Três, estava com problemas na firma dele. Havia alguma coisa sabotando a empresa, mas ele não conseguia descobrir o que era. Aí eu entrei em cena, fingindo que estava ali para arrumar os arquivos, e com toda calma observei o ambiente. Não levei muito tempo para detectar o problema: a eletricidade que havia no ar; o clima estava carregadíssimo. Na equipe havia duas pessoas que simplesmente se detestavam.

As pessoas do tipo Seis se dão muito bem nas profissões em que seu hábito de atenção é útil e suas faculdades mentais, valorizadas. Elas estão em todas as áreas, mas principalmente nas do direito, polícia, forças armadas, negócios e academia. São pessoas que trabalham bem em equipe. Entre os famosos que demonstram comportamento característico do tipo Seis estão John McEnroe, Paul Newman, Woody Allen, Robert Redford, Julia Roberts, Hamlet, Krishnamurti, o reverendo Jim Jones e Sherlock Holmes.

O tipo Seis é cheio de energia: ele vai acumulando horas extras, totalmente absorto no que está fazendo, como se o tempo não tivesse nenhuma importância. (Só não bata a porta do arquivo que fica atrás da escrivaninha dele.) Seus representantes são práticos, prestativos, responsáveis e conscientes de suas obrigações. Devido a uma afinidade especial pela defesa dos bodes expiatórios, eles costumam ser compassivos e, muitas vezes, se envolvem em atividades beneficentes. Uma advertência, porém: o tipo Seis traz consigo uma desconfiança inata da autoridade. Portanto, com ele, os manda-chuvas precisam mostrar serviço — e, enquanto houver dúvidas, ele reage com rebeldia e reticência. Se você trabalhar para alguém desse tipo ou vice-versa, procure ser impecável nos quesitos sinceridade, coerência e confiabilidade.

Às vezes chamado de o Partidário, o tipo Seis é afetuoso, confiável, carinhoso, leal e prestimoso quando confia. Tenho apreço especial por seu senso de humor, rápido e afiado, que beneficia tanto a família, os colegas de trabalho e todos os que com ele convivem. Provavelmente não há um exemplo melhor do humor sofisticado — e das ansiedades — do tipo Seis que Woody Allen. Assista a qualquer dos filmes em que ele atua para estudar o tipo. Veja também a série *Friends* e preste atenção a Chandler, personagem de Matthew Perry (brincando, os demais atores reclamam que ele sempre tem as melhores falas). Certa vez, ele se apresentou como o cara que faz gracinhas quando está pouco à vontade. É fácil confundir a ansiedade do tipo Seis com a do tipo Um. Assista aos episódios da série *Friends* e observe as diferenças entre as ansiedades de Monica e Chandler. Monica se preocupa em entender — e fazer os outros entenderem — tudo corretamente (a seu ver). A ansiedade de Chandler é mais genérica. Quando sente raiva, o tipo Seis a manifesta através do humor ferino, do sarcasmo e de comentários mordazes. É comum vê-lo entrar na defensiva com acusações e ataques verbais quando se sente ameaçado. Sua forma de lidar com o medo é projetá-lo nos outros.

O tipo Seis é tão adaptável quanto o Dois, mas a diferença está na expectativa, na falta de confiança ao final do contato.

Há menos necessidade de entrosamento e aprovação; é mais uma questão de relacionar-me com o outro para dissipar alguma possível ameaça, mas sem grandes envolvimentos. Minhas necessidades se satisfazem com o imediatismo da relação segura — mas não tenho nenhuma pretensão de que essa relação dure.

A criança do tipo Seis vê o mundo como um lugar perigoso e cheio de ameaças — e, como repetirei várias vezes ao longo deste livro, independentemente de qual seja o hábito de atenção que lhe corresponde, no mundo lá fora sempre haverá perigos suficientes para confirmar sua opinião. Na idade adulta, as pessoas desse tipo muitas vezes relatam não terem conseguido confiar naqueles que eram responsáveis por elas, desenvolvendo assim o hábito de duvidar. Para ver isso, observe os olhos de alguém do tipo Seis: quando não estão vasculhando à direita e à esquerda para detectar algum perigo, geralmente estão arregalados, como os de um coelho assustado pelos faróis de um carro.

Cuidado com a forma como você elogia as pessoas do tipo Seis. Elas não acreditarão, a menos que você seja um amigo muito chegado, em quem confiam muito. Sua tendência será pensar: "Mas o que será que ele quer?"

Toda semana eu colhia flores no jardim para enfeitar minha mesa no trabalho. Como havia muitas, eu sempre levava algumas para a recepção e para a minha colega. Levei algum tempo para descobrir por que ela reagia com tanta desconfiança quando eu fazia isso: é que achava que eu estava querendo alguma coisa dela.

Se você acha que é do tipo Seis, há uma coisa importante a levar em conta: existem dois subtipos distintos. Ao contrário do Seis fóbico, o Seis contrafóbico não parece em nada com um Seis típico, podendo até mesmo chegar a saltar de pára-quedas ou praticar *bungee-jumping* para provar para si mesmo e para todo mundo que não tem medo. As pessoas desse subtipo podem estar no mundo dos negócios e parecer bem fortes, falar diante de grandes platéias — podem inclusive ser líderes de grandes nações — mas, no fundo, continuam sentindo medo. Quando assumem a defensiva, as pessoas do tipo Seis (principalmente os contrafóbicos) podem ser confundidas com as do tipo Oito (o Chefe) e com as do tipo Três, o Realizador (seu ponto de tensão).

Dúvida – a paixão do tipo Seis

A intuição é uma coisa maravilhosa, e o tipo Seis tem muita. Só que tudo se complica quando os medos imaginados se transformam em paranóia. Como se distingue um lampejo intuitivo fundado de outro que provém de um medo irracional?

Eu havia estacionado meu carro no centro e ia deixá-lo ali a manhã toda. Enquanto tirava as sacolas do banco traseiro, notei que havia alguém passando... Tive certeza de que essa pessoa ia roubar o rádio do carro. Era como se houvesse um letreiro em neon com a frase "Seu rádio vai ser roubado" piscando. Tranquei o carro e comecei a andar devagar. Ele entrou numa agência dos correios. Eu entrei numa loja, fingindo que ia fazer compras. Ele me viu, virou-se e foi embora. Não roubou o rádio porque eu estava de olho nele.

Talvez — mas talvez não. Segundo dizem as próprias pessoas do tipo Seis, elas estão sujeitas a colapsos: é como se, de repente, viesse um acesso de dúvidas e preocupações que as subjugasse, não lhes dando nenhuma chance de controle. Falarei mais a respeito do medo no capítulo seguinte, sobre os Cinco Elementos, mas vale a pena ressaltar aqui que há uma relação entre os ouvidos e o medo. Alguma vez você já tentou tranqüilizar alguém que está aterrorizado e parece que não ouve o que você está dizendo? Se quiser ajudar uma pessoa do tipo Seis que está paralisada de medo, você terá que fazer algumas concessões e ser sincero e muito paciente, pois eles têm sensores antienrolação muito bons.

Não me diga que o pior não vai acontecer porque eu posso lhe mostrar muitas provas em contrário nos jornais. É melhor você demonstrar que entende que o pior pode acontecer e depois me lembrar que eu já enfrentei tudo que possa ter ocorrido antes e sobrevivi.

Para o tipo Seis (o Questionador), a sobrevivência nesse mundo ameaçador está na capacidade de reconhecer sua paixão, que nesse caso é a da dúvida (ele também é conhecido como o Advogado do Diabo), de identificar quando está cismando com o pior desfecho possível e de "desencanar". Já que ele está entre os tipos da Mente, uma maneira de lidar com essa amplificação do medo é tentar verificar os fatos com um parente ou amigo confiável. A tarefa do tipo Seis é cultivar a fé para contrabalançar a dúvida — contar em silêncio até dez, acompanhar a respiração e seu fluxo no abdômen e, com calma, ver as coisas como elas são. (Há instruções para meditação em cada um dos capítulos seguintes.)

Em vez de cismar e preocupar-se com o pior desfecho possível, a melhor coisa para o tipo Seis seria tentar redirecionar um pouco da energia para o corpo, que costuma ser tão negligenciado (Helen Palmer, que é uma das representantes desse tipo, me disse que achava que seu corpo terminava no pescoço). Tenho uma amiga do tipo Seis que sempre tirava um dia de folga do trabalho (ela tem uma pequena empresa) e vinha me ajudar a cuidar do jardim. Andar, correr e exercitar-se para aumentar a freqüência cardíaca é uma boa maneira de dissipar o excesso de adrenalina. O yoga ajuda a restabelecer a calma e a desfazer as tensões do corpo, além de agir sobre os meridianos que controlam o medo.

Tipo Seis – o dinâmico fluxo da energia

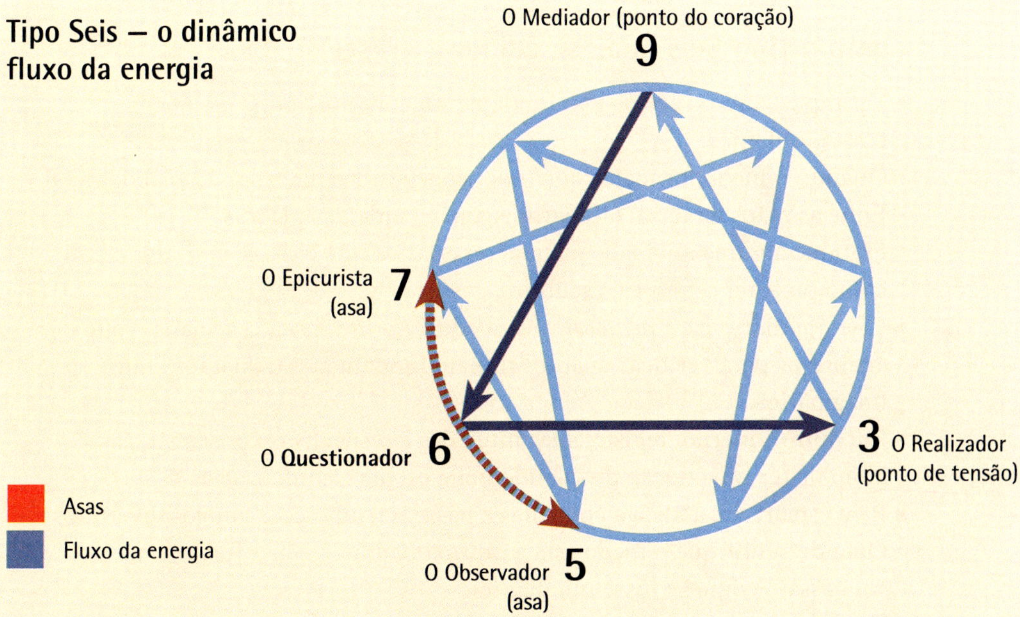

As asas

O tipo Seis com predominância da asa Cinco é mais introvertido, cauteloso e retraído.

Com asa Sete mais forte, ele é mais brincalhão, ativo e aventureiro, mas às vezes é também um pouco impulsivo.

O fluxo da energia para o tipo Seis

Quando se sente feliz e seguro, o tipo Seis tende a assumir as características do tipo Nove. Ele então tem mais facilidade para relaxar, confiar em si mesmo, ser empático com o grupo e adotar um ponto de vista mais amplo. Contudo, está também mais propenso a exceder-se nas drogas recreativas, como o álcool e outras substâncias, e a fugir dos medos dormindo demais.

Quando está tenso e ansioso, ele se volta para o tipo Três, podendo colocar a própria saúde em risco trabalhando em excesso, numa tentativa de evitar as preocupações. Além disso, pode enganar a si mesmo e aos outros, mentindo para encobrir seus erros ou para ascender, seja no trabalho ou na vida social. O lado positivo é que, nesse caso, ele não tem dificuldade em reconhecer as próprias realizações.

Como o tipo Seis pode se cuidar e crescer

- Verifique se seus receios têm fundamento com um amigo em quem tenha confiança.
- Quando o medo for maior que tudo, concentre-se na respiração abdominal.
- Enfie as mãos na terra: faça jardinagem e cuide das plantas.
- Pratique alguma atividade manual ou criativa que o deixe entretido, como pintura, cerâmica, escultura, costura etc.
- Crie um diário para registrar seus medos. Ao fim de cada semana, volte e analise-os para verificar quantos tinham fundamento e quantos eram imaginários.
- Em outro caderno, registre suas intuições e respectivas conseqüências, a fim de ter uma noção de quando pode ou deve confiar nelas.
- Para espairecer, assista a comédias e passe o tempo com amigos divertidos.
- Quando sentir que o medo está se aproximando, repita "Tudo bem, vai passar" como se fosse um mantra.
- Quando alguém lhe fizer um elogio, resista ao primeiro impulso (que é recusá-lo) e aprenda a aceitar aquilo que as pessoas valorizam em você.
- Pratique regularmente alguma atividade física que aumente a freqüência cardíaca para dissipar a adrenalina que o pânico injeta na sua corrente sangüínea.
- Pare, respire e escute quando alguém o elogiar.
- Faça aulas de yoga para aprender a reconhecer seu corpo. Preste especial atenção à postura indicada para o tipo Seis (pp. 136-137).
- Procure conscientizar-se do hábito da dúvida para poder transformá-lo por meio do cultivo da fé e da coragem.

Como dar apoio ao tipo Seis

- Seja franco, claro e objetivo.
- Não faça pouco caso dos receios dele. Com paciência, sente-se com ele e analise-os.
- Lembre-se das ocasiões em que você mesmo teve medo e não o julgue pelos receios que ele tem.
- Procure divertir-se e rir junto com ele.
- Incentive-o a ampliar as áreas em que se sente seguro e à vontade e a incluir novas áreas entre as já existentes.
- Quando ele exagerar, conte até dez. Tente não reagir da mesma forma.
- Seja generoso em termos de reafirmação e palavras tranqüilizadoras.
- Não contribua para assustá-lo.
- Incentive-o a não trabalhar em excesso.
- Acompanhe-o em atividades físicas que o ajudem a "entrar no próprio corpo".

"O que mais me agrada em ser do tipo Seis"

- A capacidade de analisar e apreender a profundidade e a complexidade das coisas.
- A capacidade de ver além da superfície.
- O fato de sempre ter algo em que pensar.
- A emoção e o estímulo da curiosidade intelectual.
- A valorização da segurança em meio aos riscos percebidos.
- A capacidade de cultivar amizades profundas e duradouras.
- A alegria diante das coisas que dão certo.
- A calma diante do desastre iminente.
- O senso de humor.
- A independência.

"O que mais me desagrada ou tenho dificuldade em fazer por ser do tipo Seis"

- Cair na cilada das dúvidas.
- A dificuldade que às vezes tenho de aceitar minha própria autoridade.
- A ansiedade e o nervosismo diante das coisas.
- A sensação de estar sendo atacado e o desejo de retribuir na mesma moeda.
- A dificuldade em usufruir do presente por imaginar um futuro difícil.
- A auto-sabotagem.

Como você pode me ajudar

- Leve minhas dúvidas a sério para que eu possa questionar sua validade.
- Seja sincero e moderado ao elogiar-me — evite fazer um carnaval de minhas boas qualidades.
- Incentive-me a dizer como me sinto quando eu lhe disser o que estou pensando.
- Demonstre o quanto é emocionalmente estável para que eu me sinta encorajado a manter-me firme e leal.
- Ajude-me a ver o impacto das minhas dúvidas sobre as pessoas.
- Proteja-se de minha língua ferina o bastante para ensinar-me o prazer de receber você sem colocar as garras de fora.
- Faça-me tremer de rir, não de medo.

Melhores qualidades do tipo Sete
Otimista
Entusiástico
Curioso
Empreendedor
Imaginativo
Espontâneo
Produtivo
Amante da diversão
Cativante
Seguro

Piores qualidades do tipo Sete
Rebelde
Narcisista
Dispersivo
Descomprometido
Indisciplinado
Impulsivo
Autodestrutivo
Maníaco
Falador
Insensível

Paixão
Gula

Hábito recorrente
Racionalização

Mentalidade superior
Sobriedade

Virtude
Constância

GULA

Fique no lado ensolarado da vida, sempre no lado ensolarado da vida.
É o que nos ajudará todo dia; iluminará toda a via:
ficar no lado ensolarado da vida.

Canção popular de Ada Blenkham

Quatro adultos e um bebê estão perdidos no alto de uma montanha, vestidos com roupas leves, próprias para o calor do dia. A tarde se inicia, a névoa começa a cair e a pouca água que haviam trazido se acaba. O tipo Um, sabendo que, por ter o mapa, era o responsável por haver tomado o caminho errado, marcha à frente sem dar uma palavra. O bebê, provavelmente uma representante do tipo Nove, dorme a sono solto preso às costas da mãe com a cabeça apoiada no ombro desta, chupando o dedo. A representante do tipo Dois argumenta que, se continuarem descendo, certamente chegarão a uma estrada — assim, ela poderia seguir e, com lábia, convencer algum residente do local a ir resgatar os demais. A mãe, do tipo Sete, garante a todos que está tudo bem e que, de qualquer forma, ainda amamentava a filha — portanto, nenhum problema à vista nesse ponto. O outro representante do tipo Sete saltita montanha abaixo, braços abertos como as asas de um avião, cantando "procure sempre o lado ensolarado da vida"... Se você ainda não está convencido de que nem todas as pessoas reagem da mesma forma às situações, o exemplo acima deve ajudá-lo a reconhecer isso.

Com certeza, pode-se esperar que o tipo Sete contribua para animar qualquer situação: é ele o guardião do pó mágico, o representante das fadas. Perdi a conta do número de *workshops* do Eneagrama em que o "astral" da sala inteira ficava alto na hora da mesa-redonda do tipo Sete. A pergunta que mais se ouvia era sempre: "Por que não somos todos do tipo Sete?" As pessoas desse tipo vivem no lado ensolarado da vida. Quando ela tem uma rachadura, o tipo Sete a recobre e esconde como um papel de parede. Acaba de fazer um novo amigo do tipo Sete? É melhor então estar pronto para participar de vários diferentes eventos ao longo de um só dia, dançar até o sol raiar e acordar inteiríssimo para borbulhar junto com o champanhe no café da manhã.

Este tipo simplesmente se delicia com o "bufê completo" da vida. Seus representantes adoram as festas em que cada um leva um prato, pois assim podem provar de comidas variadas. Um novo emprego? Ótimo — mas, mesmo que eles preencham a ficha de inscrição, provavelmente ainda terão várias opções no leque, de modo que a assinatura do contrato não implica que fechem todas essas outras portas. Quando digo que sua tolerância ao tédio é baixa, estou falando de um limiar baixíssimo, que não passa do nível do chão.

Agora lhe contarei uma história muito interessante que aconteceu comigo há pouco. Eu escrevo num pequeno celeiro que fica no fundo do quintal e resolvi ir até a casa fazer um pouco de chá verde. E, de repente, me vi perdida entre os pés de framboesa, com a caneca na mão, falando com um passarinho. Mas como? É que, sendo do tipo Dois, enquanto escrevo sobre os diversos tipos, tendo a misturar-me a eles, e uma das características do tipo Sete é a facilidade para distrair-se. A palavra certa é fascinação — esse tipo se deixa fascinar por praticamente qualquer coisa.

Eu estava viajando de carro por uma estrada tranqüila com uma amiga quando vi alguma coisa no acostamento que me chamou a atenção. Pedi a ela que parasse. Não conseguia tirar os olhos daquilo. "Rosi", disse ela, "você já percebeu o que está fazendo? Pelo amor de Deus, isso é um esquilo morto!"

O tipo Sete tem um dom especial para fazer qualquer coisa deslanchar. Seus representantes são pessoas criativas, cheias de idéias e hábeis no pensamento lateral. Você é o dono de uma grande gravadora? Ora, então por que não comprar uma companhia aérea ou dar a volta ao mundo num balão — e, já que está numa boa fase com os meios de transporte, colocar também uns trens na jogada? Sim, como você já deve ter adivinhado, o empresário Richard Branson demonstra possuir todas as características do tipo Sete. Além do comportamento cativante e juvenil, ele tem

aquela atitude do tipo "vamos lá, mãos à obra".

Agora, provavelmente você não ficou nem um pouco espantado com o fato de eu haver dito que o tipo Sete é um dos tipos do Medo. Estando no topo da tríade do medo, ele lida com essa emoção vestindo o casaco e saindo para a farra: o que o tipo Sete faz é racionalizar o próprio medo.

Quando se conscientizam dos terrores que existem no mundo a seu redor, as personalidades desse tipo protegem-se fingindo que eles simplesmente não existem. Elas voltam-se então para as opções existentes, para os devaneios com o futuro. Quando a situação fica difícil, elas vão em frente — para algum lugar em que não precisem enfrentar a dor e o sofrimento.

O mundo da criança do tipo Sete lhe parece frustrante e limitador. Ela desenvolve então sua estratégia para evitar esse sofrimento, tornando-se ávida por novas idéias e coisas interessantes para fazer.

Sou casado, e meu casamento é bom — mas minha mulher diz que é como se eu estivesse sempre com um pé fora da cama.

A palavra-chave para o tipo Sete é "racionalização". Tente mostrar-lhe que seu comportamento pode tornar-se prejudicial e verá como ele inventa milhões de razões para convencê-lo de que não é assim.

Eu detestava que minha filha, que é do tipo Sete, andasse de carona; ficava preocupadíssima. Mas não adiantava nada dialogar com ela e, a menos que a amarrasse ao pé da mesa, não havia nenhuma forma de fazê-la parar. O problema não era o dinheiro, pois eu pagaria com o maior prazer. "Sempre acontecem coisas interessantes quando peço carona", dizia ela voando pela porta afora.

Os representantes do tipo Sete simplesmente adoram os trabalhos que lhes permitem muita autonomia e liberdade para pôr em prática suas próprias idéias. Eles se dão muito bem trabalhando por conta própria — como empresários, por exemplo — e melhor ainda liderando o lançamento de novos projetos. Mas não espere que eles parem para colocar os pontos nos ii. Assim que o trabalho ficar chato, eles irão correndo atrás de outra coisa — uma coisa em que provavelmente terão começado a pensar desde a hora em que se comprometeram a executar a tarefa que estão fazendo no momento. Bem... "comprometer" não é exatamente uma boa palavra. O tipo Sete é o que Jung chamaria de *Puer Eternus*, a eterna criança, da qual não há melhor exemplo que Peter Pan.

Extremamente idealista, ele gosta de trabalhar em organizações beneficentes, principalmente se elas se propuserem a mudar o mundo. Greenpeace, Friends of the Earth, World Wide Fund for Nature — todas elas são para ele o sétimo céu. O tipo Sete pode ficar no mesmo emprego muitos anos, se ele lhe fornecer muita variedade e estímulo.

Trabalho como assistente social há muitos anos, mas cada dia é diferente. Fico a maior parte do tempo só, de carro, visitando as famílias. Nunca sei o que me espera a cada dia quando entro numa casa. Trabalho muito na área de proteção às crianças e, às vezes, o trabalho é bem duro.

Isso me leva à afinidade especial que o tipo Sete tem pelo trabalho com o lado escuro da vida. Em San Francisco há um projeto que visa levar o público a ajudar as vítimas da Aids de uma determinada instituição. Uma pesquisa recente mostrou que as pessoas que têm maior probabilidade de permanecer no projeto até o fim são do tipo Sete.

Como pároco, grande parte do meu trabalho consiste em apoiar e orientar pessoas que sofreram perdas. Vou a muitos funerais. Mas o luto é uma crise, e as crises sempre são bem divertidas.

Bons exemplos do comportamento do tipo Sete estão em Groucho Marx, Wolfgang Amadeus Mozart, Walt Whitman, Ram Dass, Tom Robbins e Thoreau. Seu encanto e seu otimismo são contagiantes; é impossível ficar com raiva deles por muito tempo. Quando crianças, podem deixar-nos apavorados com suas façanhas temerárias, mas, quando adultos, mostram-nos o lado positivo que há em ver o mundo como um lugar cheio de gente amável e generosa, um lugar cheio de possibilidades. O tipo Sete vive num mundo de felizes casualidades, expansão e boa sorte. E se é assim que você vê o mundo, parece que ele geralmente o recompensa por isso. Não faz mal, não é?

Gula – a paixão do tipo Sete

O símbolo preto e branco do Yin/Yang representa o equilíbrio perfeito. A parte branca representa a energia que se volta para fora, a ação, a luz, o verão e o céu. A parte preta representa a energia interna armazenada, o descanso, a escuridão, o inverno e a terra. Na parte branca há um pequeno ponto preto; na preta, um pequeno ponto branco. O problema do tipo Sete é que ele não tem esse pontinho preto. E mais: isola completamente o lado escuro e finge que ele não existe.

A mãe preocupada com a filha que gostava de pedir carona tinha razão em se preocupar. O medo é uma emoção útil, de que todos precisamos para nos proteger. Mas que dizer de outras emoções menos cômodas? Quando as pessoas se zangam conosco, não aprendemos geralmente algo de bom? Quando alguém manifesta uma aflição, de que forma a relação será afetada se fizermos pouco-caso do que essa pessoa está sentindo? E qual o ser humano normal cujo corpo pode agüentar o ritmo exigido pela insistência do tipo Sete em negar o mal-estar?

Eu estava imaginando como iria fazer para poder ir para uma festa de sessenta anos, uma festa de inauguração de casa nova e ainda comparecer à nova peça de teatro de Toby. Tudo no mesmo dia. Consegui participar de duas dessas coisas e me diverti muitíssimo. Mas mal consegui me levantar na segunda-feira de manhã. Estava completamente esgotada.

As pessoas do tipo Sete costumam queixar-se de sentir como se sua energia estivesse vazando para o chão. Vale a pena elas observarem quando estão enchendo a agenda demais para tentar identificar de que emoção incômoda podem estar querendo fugir. De que estão com medo?

Seu ponto cego quando se trata de riscos às vezes fica dependendo da vigilância de parentes e amigos bem-intencionados, que sofrem com a pressão de ver o tipo Sete apostar com a morte.

Ela quase nunca deixou entrever que estava com medo. Mas quando estávamos viajando pelo interior da Austrália, parávamos muito nos billabongs para nadar. E ela sempre dizia: "Vá você primeiro, mamãe". Eu sabia por que era. Ela estava preocupada com a possibilidade de haver crocodilos — que, embora considerados inofensivos, podem atingir até dois metros de comprimento e têm dentes respeitáveis.*

* Nome dado pelos índios australianos aos braços sem saída de um rio. (N. da T.)

Tipo Sete – o dinâmico fluxo da energia

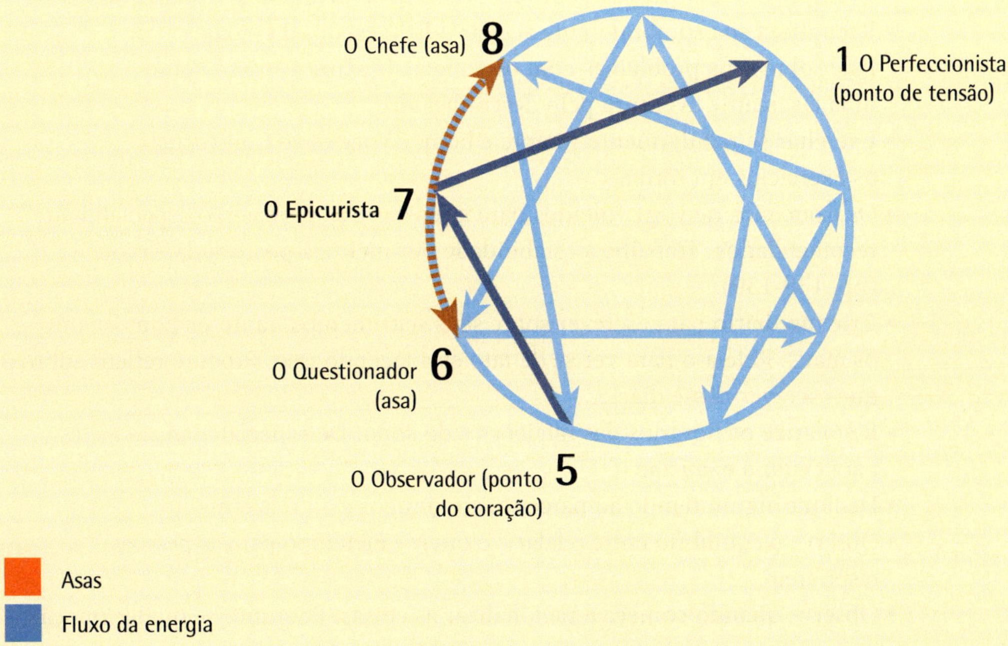

As asas

Quando o tipo Sete tem asa Oito mais forte, ele é mais autoritário, contencioso, exuberante, competitivo e materialista.

Quando a asa mais forte é a Seis, ele é mais responsável, mais ansioso, mais leal e mais simpático.

O fluxo da energia para o tipo Sete

Quando se sente seguro, o tipo Sete migra para o espaço do tipo Cinco: ele fica contente em estar só, pensando consigo mesmo, trabalhando em seus projetos etc. Ironicamente, quando se torna mais tranqüilo e introspectivo é que consegue analisar melhor os próprios medos. Por outro lado, pode também tornar-se mais egocêntrico e temerário.

Quando está tenso, o tipo Sete ruma para o espaço do tipo Um, podendo tornar-se enérgico a ponto de beirar a prepotência, além de mais rabugento. Então ele fica mais autocrítico, ressente-se mais diante das restrições e passa a reagir com mais irritação. Além disso, pode ficar mais obsessivo em relação ao trabalho e perder um pouco o gosto pelo riso e pela leveza. Por outro lado, se torna mais altruísta e mais produtivo, tendendo mais a levar seus projetos até o fim.

Como o tipo Sete pode se cuidar e crescer

- Concentre-se no que tem, em vez de pensar só naquilo que sonha em ter.
- Reconheça sua sombra! Tente aceitar o lado escuro da vida. Fale sobre seus problemas com os amigos. Procure ver isso como uma fascinante aventura pelo desconhecido.
- Exercitar-se regularmente sempre é bom, e você deve transformar os exercícios em rotina.
- Os exercícios de yoga voltados para as costas e as pernas são especialmente recomendados. Trabalhe a estabilidade por meio da postura da Árvore (pp. 138-139).
- Crie um diário para escrever sobre seus sentimentos, tanto os bons quanto os maus. Releia-o para ver se de fato está fazendo isso. Procure refletir sobre o que escrever nesse diário.
- Regularize os horários das refeições e do sono. Dê especial atenção a eles para evitar a exaustão.
- Dedique algum tempo ao parceiro, aos amigos e ao relaxamento.
- Observe o equilíbrio entre o falar e o ouvir e dê tempo para as pessoas respirarem.
- Observe quando começa a racionalizar as coisas. Pergunte-se qual a emoção incômoda que está procurando evitar.
- Procure meditar ou concentrar-se regularmente para detectar quando a mente voa para os planos e opções do futuro.
- Quando a ânsia de "seguir em frente" surgir, respire fundo e prometa a si mesmo que vai terminar o que começou e cultivar a constância.
- Leia só um livro de cada vez — OK, dois... mas só dois!
- Agradeça diariamente por tudo que tem e repita que não tem medo da escassez. Você tem demais de tudo aquilo que precisa.
- Conscientize-se do seu hábito da gula, proponha-se mudá-lo e esforce-se em transformá-lo no seu oposto: a constância.

Como dar apoio ao tipo Sete

- Quando ele estiver assumindo coisas demais, mostre-lhe com carinho que assim ele vai acabar exausto.
- Insinue que seria interessante para ele dedicar algum tempo à reflexão.
- Dê-lhe muita liberdade.
- Viva aventuras e divirta-se a seu lado (você sempre pode levar alguns *band-aids*...).
- Escute seus sonhos e apóie-o nas suas idéias.
- Não o pressione comportando-se de forma dependente ou carente.
- Em vez de tentar mudá-lo, estime-o pelo fogo que ele traz para sua vida.
- Não lhe diga o que ele deve fazer. Sugira o que quer que possa ser uma abordagem nova, divertida.
- Diga-lhe o quanto aprecia o humor dele.
- Conforte-o quando ele começar a conhecer melhor o próprio lado escuro.
- Reconheça seu esforço em honrar os compromissos assumidos, quando ele fizer isso.
- Não faça rodeios — vá direto ao ponto e seja breve.

"O que mais me agrada em ser do tipo Sete"

- A espontaneidade.
- O gosto pela aventura e a coragem de "ir lá".

"O que mais me desagrada ou tenho dificuldade em fazer por ser do tipo Sete"

- As opções são tantas e tenho de tomar tantas decisões...

Como você pode me ajudar

- Incentive-me a concentrar-me e estabelecer prioridades.
- Ajude-me a parar e refletir.

tipo oito o chefe

Melhores qualidades do tipo Oito
Protetor
Leal
Enérgico
Competente
Honesto
Justo
Persistente
Direto
Franco
Despretensioso
Seguro de si

Piores qualidades do tipo Oito
Bombástico
Controlador
Agressivo
Insensível
Rebelde
Antiautoritário
Egocêntrico
Dominador
Cético
Contencioso
Impiedoso

Paixão
Luxúria

Hábito recorrente
Vingança

Mentalidade superior
Verdade

Virtude
Inocência

LUXÚRIA

Detesto os sujeitos que se deixam encurralar por orgulho, covardia ou preguiça e ficam lá, rosnando, de braços cruzados — por que é que eles não avançam como eu e latem?

Samuel Johnson

Amplie todas as fronteiras. Não importa onde esteja, procure sentir uma expansão que se inicia no abdômen e se projeta para fora, estendendo-se cada vez mais. Acabe mentalmente com tudo o que o restringe; sinta sua energia demolir todas as paredes. Nada pode parar essa expansão — imagine-se grande como Gulliver em Lilliput. Seus punhos estão cerrados; você está pronto para agir. Determinado a acabar com a injustiça no mundo, você quer briga; alguém que esteja à sua altura.

Então você vê um rato no canto da sala. Um gato o domina e "brinca" com ele. Você o salva e leva-o ao peito, em atitude protetora. Com ternura, coloca o rato num lugar seguro e, do alto de sua força colossal, coloca-se à frente dele. Quem quiser que chegue perto. Bem-vindo, você acaba de sentir como é a energia do tipo Oito.

Se alguma vez você foi salvo de uma situação desesperadora ou desafiado para uma queda de braço num bar, é provável que tenha sido por alguém do tipo Oito.

Um dia, saí com minha filha de sete anos, cada um na sua bicicleta, e ela foi atropelada na entrada da escola por quatro garotos que competiam para ver quem passava primeiro pelo portão. Meu primeiro impulso não foi cuidar da minha filha, mas sim ir atrás deles e passar-lhes uma boa descompostura.

Os representantes desse tipo são os protetores do mundo, gente prestativa que, como os pioneiros, desbrava os caminhos para que os outros possam transitar com segurança depois. Durões, combativos, desafiadores e contenciosos, eles não são do tipo que deixa as coisas como estão. Vá a uma conferência sobre o Eneagrama e procure ouvi-los — com certeza você vai ouvi-los bem antes de vê-los. Num bar, não se engane se a mesa estiver cheia de gente gritando, discutindo, brigando: eles adoram isso. Espere só um pouco mais e os verá rindo e dando tapinhas nas costas uns dos outros, pedindo mais uma rodada de bebida, saboreando cada minuto da oportunidade de medir as forças. São pessoas magnânimas, donas de um coração enorme, sempre prontas a perdoar e a pedir perdão.

Para essas pessoas, menos não basta — e mais mal começa a dar para o gasto. A demora, o atraso, a freqüência, o volume... *tudo* tem que ser demais! Os carros têm de ser velozes, os esportes, radicais, as festas, até o dia raiar e a bebida ingerida, em quantidade que deixe humilhado qualquer dos presentes. O tipo Oito tem tesão pela vida. Entre seus representantes encontram-se o ator Oliver Reed e Gurdjieff, o pai do Eneagrama na "modernidade". Longe dele sugerir algum exerciciozinho de yoga para dar equilíbrio ao seu tipo. Você é do tipo Seis e sente medo? Lembra daquela história de mandar o amigo do tipo Seis para um cemitério à meia-noite?

Independentes e auto-suficientes, as pessoas do tipo Oito adoram as situações em que precisam tomar a iniciativa e exercer sua liderança. Arrojados e corajosos, seus representantes são bons soldados, comandantes e diretores de empresas ou instituições beneficentes que lutam contra as injustiças. Eles podem ser policiais, apresentadores de TV ou jornalistas — mas não espere vê-los fazendo a cobertura da festa do vilarejo; você os verá cobrindo zonas de guerras e conflitos. O cineasta norte-americano Michael Moore pode ser do tipo Oito, já que ataca sem medo o *lobby* dos fabricantes de armas, lutando contra as injustiças onde quer que as encontre. Essas pessoas têm um talento especial para apoiar e emancipar os demais — a única coisa que você não deve fazer é concorrer com elas para o cargo principal nem se mostrar muito carente. Elas são independentes e esperam de nós o mesmo. Além disso, têm faro para descobrir manipulações e falsidades; é melhor ser sincero com elas. Com esse tipo, você compra aquilo que está na vitrine mesmo. Ele é franco, tem energia de sobra e é muito trabalhador.

Às vezes, o tipo Oito nos dá a impressão de ser insensível ou desumano, mas a verdade é que ele não tem a menor idéia da forma como as pessoas vêem sua tremenda energia. As crianças desse tipo, vendo o mundo como um lugar difícil e injusto em que se tirava vanta-

gem dos inocentes, aprenderam a ser fortes e poderosas. E procuraram impor respeito mostrando-se determinadas e altivas, jamais demonstrando a mínima vulnerabilidade. Assim, elas se tornaram os pequenos generais da arena familiar — e o costume "pegou". Quando adultas, sua atenção se volta para tudo que exige ação imediata. Muita energia é investida no controle e no domínio das pessoas que giram a seu redor. Em geral, elas não respondem; elas reagem porque acham que responder simplesmente é um risco grande demais. Eram essas as crianças que, mesmo tendo quebrado o pé, continuavam jogando a partida de futebol, enfrentavam o valentão da turma com um murro na cara e, em muitos casos, tornaram-se o arrimo de pais enfermos ou alcoólatras.

Eu fico mordendo a língua e então... PUM! Para mim, isso é jogar limpo. Eu deixo passar uma vez, duas — mas na terceira, pode esperar o troco. Então eu chego e digo: "Ponha suas cartas na mesa. O que é que você está pensando mesmo?" Se a coisa se desviar da lei moral, eu viro uma fera. Você pode até precisar de um tempo numa clínica de recuperação. Aí eu terei dó. Não, se chegar à terceira vez, você está querendo briga. Chame uma testemunha porque eu vou lhe dar um soco na cara.

Isso pode parecer um tanto radical, mas, como estamos falando do tipo Oito, estamos no terreno dos extremos. Justo, persistente, sincero, direto e despretensioso, ele tem muito a ensinar sobre a autoproteção e a conquista de desafios. Mas não é nada fácil, em meio a toda essa bravata, ver o coração mole que ele tem (lembra do rato dos primeiros parágrafos?). É difícil transpor a couraça com que ele protege suas vulnerabilidades. Muitas vezes, até o corpo parece estar vestido numa armadura, músculos em estado de alerta, torso e braços geralmente contraídos e superdesenvolvidos, olhar feroz, atitude de "não mexa comigo".

Veja a lista de famosos do tipo Oito para ter uma idéia de sua força: Henrique VIII (casamentos a dar com o pau!), Pablo Picasso, Gurdjieff, Madame Blavatsky, Sean Penn, Nietzsche, Golda Meir, Ludwig van Beethoven, Charles de Gaulle, Helmut Kohl, John Wayne, Sarah Ferguson e Bette Midler.

Luxúria – a paixão do tipo Oito

O problema com a manifestação de toda essa energia luxuriosa são os mal-entendidos que podem surgir, a disparidade da personalidade. Se o que as pessoas têm diante de si é um touro furioso colocando para fora todas as idéias que tem na cabeça, jogando com os chifres os mais fracos fora do caminho, vão acabar quase sempre acreditando no que vêem sem parar para imaginar que ele pode estar tentando esconder alguma vulnerabilidade.

Se o tipo Sete isola o lado escuro da vida, o tipo Oito isola a vulnerabilidade. E às vezes não é só da própria vulnerabilidade que ele faz pouco-caso: é da nossa também. Isso porque, embora seja um protetor maravilhoso, ele também é muito intolerante com os erros e fraquezas que vê nos outros, podendo ignorar ou menosprezar a opinião alheia.

A luxúria pode ser literal: ele pode ter milhões de casos e acabar destruindo o casamento, por exemplo, embora poucos cheguem aos extremos de Henrique VIII. O gosto pelo conflito pode aterrorizar o parceiro, principalmente se este preferir evitar confrontos, como é o caso dos tipos do Medo. E o hábito de atenção que se concentra na busca de vingança pode metê-lo em toda sorte de encrencas.

Uma vez empurrei meu irmão na parede da cozinha com tanta força que os azulejos quebraram. Fiquei louco assim porque ele tinha roubado uns pedaços da carne que eu estava cortando para fazer um molho para o espaguete.

Ainda bem que não foi a faca!

O peso de achar que tem de salvar o mundo às vezes é demais para o tipo Oito. Quando fiz meu treinamento no Eneagrama em Palo Alto, Estados Unidos, assisti a uma mesa-redonda de tipos viscerais (Oito, Nove e Um) durante a qual houve um leve tremor de terra. O Seis contrafóbico que mediava a mesa negou que aquilo era um terremoto e teimou em dizer que era só um trem passando. Eu, que sou do tipo Dois, pensei logo: "Vou correr para a porta quando todo mundo correr também. Afinal, isso aqui é a Califórnia — eles devem saber." Mas a representante do tipo Oito que estava na mesa ficou traumatizada. Ela achava que tinha de proteger todo mundo que estava na sala, umas quarenta pessoas ou mais.

A luxúria pode infiltrar-se em outras áreas mais perigosas: não é nada difícil para o tipo Oito mergulhar de cabeça na garrafa ou abusar de outras drogas recreativas na sua sede de extremos. Ele adora ficar até as tantas tomando um bom porre. Seus carros costumam ser velozes demais; a altura da corda bamba, excessiva.

Para o tipo Oito, a vingança é doce:

Quando estou numa preferencial e vejo um carro lento aguardando para entrar, adoro deixar que ele entre na minha frente. Isso deixa loucos os motoristas que estão atrás de mim. E assim lhes dou o troco por ficarem enchendo o saco, me pressionando.

Se todo mundo o vir como forte, como personalidade dominante, contribuirá para reforçar ainda mais a armadura com que o tipo Oito veste o corpo, dando-lhe menos oportunidade de manifestar a própria vulnerabilidade e mais probabilidade de sentir-se triste por ser mal interpretado. Ele talvez se veja rodeado de pessoas que pensam que seu jeito autoritário é um ataque pessoal, o que pode trazer-lhe toda espécie de problemas, seja em casa ou no trabalho. Para ele é difícil aceitar que as pessoas se sintam intimidadas por sua franqueza, pois muitas vezes ela não é intencional. Apesar do impacto que provoca, ele não age assim de propósito.

Tipo Oito – o dinâmico fluxo da energia

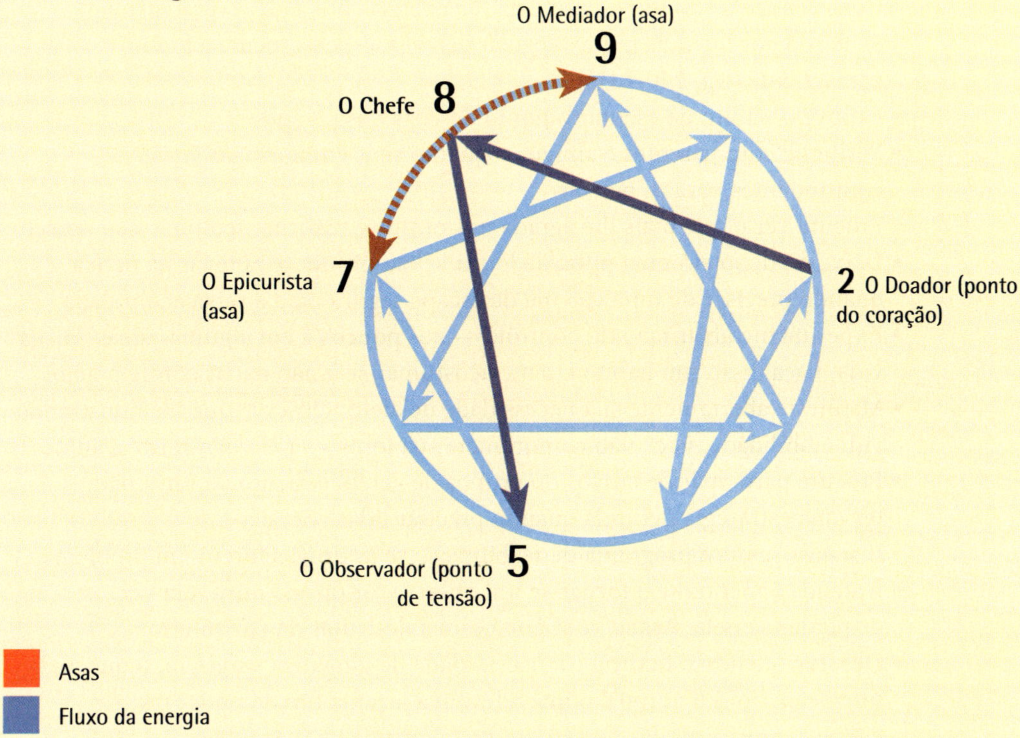

As asas

O tipo Oito que tem asa Sete mais forte é mais brincalhão, empreendedor, extrovertido, agitado, egocêntrico e rápido.

O tipo Oito que tem a asa Nove mais forte é mais relaxado e tolerante. Por ser também mais receptivo e afável, sua força é também menos ostensiva, mais suave.

O fluxo da energia para o tipo Oito

Quando o tipo Oito se sente seguro e feliz, sua energia tende a fluir para o tipo Dois, o que o faz lidar melhor com sua vulnerabilidade. Assim, ele tem mais facilidade para demonstrar e receber amor e mais sensibilidade perante as necessidades alheias. Contudo, também tenderá a tornar-se mais carente e possessivo e a defender-se reagindo exageradamente às coisas.

Quando está tenso, o tipo Oito tende a recolher-se ao tipo Cinco. Nesse caso, pode fazer a própria raiva voltar-se contra si mesmo, passando a ver-se como um caso perdido – e quando se julga mau e corrupto, ele pensa: "Vou me importar por quê?" Distante dos próprios sentimentos, começa a recear que os outros fiquem contra ele e sente-se deprimido e derrotado. Por outro lado, torna-se mais capaz de agir com objetividade e de pensar duas vezes antes de agir.

Como o tipo Oito pode se cuidar e crescer

- Conscientize-se do seu espaço e da sua energia com a observação atenta do corpo por meio da prática regular de yoga, especialmente a flexão para a frente (pp. 140-141).
- Cultive o hábito de escutar o ponto de vista das pessoas.
- Verifique com parentes e amigos o quanto seus comentários soam contundentes para as pessoas.
- Procure ver o que mais lhe agrada nos outros e reafirme sempre o seu apreço.
- Deixe no depósito uma pilha de louça velha, pronta para jogar na parede quando precisar de uma válvula de escape segura para a raiva acumulada.
- Experimente abrir mão do controle — aos poucos e em algumas áreas da sua vida. Faça disso um hábito e tente acostumar-se a não nadar contra a maré.
- Manifeste abertamente sua necessidade de afeto. Observe que, demonstrando vulnerabilidade, você não compromete sua força — pelo contrário, a aumenta.
- Procure participar de cursos ou grupos de gerenciamento da raiva para ter uma estratégia definida quando precisar lidar com ela.
- Inscreva-se num programa de reabilitação se as drogas forem um problema.
- Aprenda a meditar e a tornar-se um observador de sua raiva, em vez de perder-se nela. Assim você começará a desfrutar da paz interior.
- Observe quando a luxúria e a necessidade de vingança surgirem, o que elas provocam no seu corpo e o que o levam a fazer, a fim de poder resistir e tentar transformá-las no seu oposto, a virtude da inocência.

Como dar apoio ao tipo Oito

- Seja confiável, honesto e justo com ele.
- Quando ele precisar ficar só, dê-lhe espaço.
- Se ele vociferar com você, não interprete como um ataque pessoal. É só seu modo de ser.
- Ele fareja a adulação de longe e não se deixa impressionar por ela.
- Coloque-se à altura dele e defenda seus pontos de vista para conquistar seu respeito.
- Se ele o tiver protegido quando você precisava, mostre-lhe o quanto é grato por isso.
- Defenda-o quando as pessoas o interpretarem mal.
- Ajude-o a flexibilizar o corpo com massagens e caminhadas ao ar livre.
- Mostre-lhe que o respeita ainda mais quando ele se mostrar vulnerável.
- Quando o impacto das ações dele for muito grande sobre você, dê-lhe um *feedback* dessa intensidade.

"O que mais me agrada em ser do tipo Oito"

- Sou forte e posso proteger os outros, principalmente aqueles que menos podem defender-se. Posso ajudá-los a criar confiança em si mesmos. Gosto de abrir um caminho seguro para as pessoas.
- Sou honesto e direto e gosto que as pessoas sejam assim comigo.
- Todos sabem em que pé estão comigo.
- Não tenho medo de me arriscar.
- À medida que as pessoas vão me conhecendo melhor (e transpondo essa minha "couraça"), encontram alguém que tem um coração enorme e é muito generoso em tudo.
- Sou um batalhador e tenho muita disposição. Tendo mais a reagir que a prever o que vai acontecer.
- Estou sempre pronto a enfrentar a injustiça.

"O que mais me desagrada ou tenho dificuldade em fazer por ser do tipo Oito"

- Às vezes sou ingênuo (em vez de inocente).
- As pessoas me vêem como insensível quando, na verdade, me sinto rejeitado com muita facilidade.
- Graças à minha franqueza, muitas vezes me acham ríspido ou desagradável e até mesmo rude.
- O modo como escondo minhas fraquezas e vulnerabilidades.
- Devido ao meu foco estreito (quando me concentro, é como se desse um *zoom* nas coisas), tenho dificuldade em ver as situações de um modo mais amplo.
- Por me considerar "mau", um "caso perdido", para mim é difícil aceitar o que os outros têm de positivo.
- Procuro esconder meu lado mais fraco e, por isso, não é fácil se aproximar de mim. Isso vale tanto para mim quanto para os outros.

Como você pode me ajudar

- Quando eu estiver com raiva, não fuja — enfrente-me.
- Não seja condescendente comigo; trate-me como igual.
- Abrace-me. O tipo Oito é muito físico; precisa e adora esse tipo de contato.
- Diga-me aberta e sinceramente se o magoei — mas só faça isso dois dias depois da explosão.

[M]elhores qualidades do tipo Nove
[E]xcelente mediador
Tranqüilizador
Acrítico
Paciente
Pacífico
Receptivo
Empático
Generoso
Afável
Agradável

Piores qualidades do tipo Nove
Teimoso
Obsessivo
Passivo-agressivo
Distraído
Covarde
Dispersivo
Apático
Crítico
Esquecido
Excessivamente complacente

Paixão
Indolência

Hábito recorrente
Preguiça

Mentalidade superior
Amor

Virtude
Ação correta

INDOLÊNCIA

Era uma vez um tourinho que morava na Espanha. Seu nome era Ferdinand. Todos os tourinhos com que ele vivia corriam e saltavam e davam cabeçadas uns nos outros, menos Ferdinand.
Ele gostava de ficar sentado, bem quietinho, sentindo o perfume das flores.

Munro Leaf, *Ferdinand the Bull*

Para entrar no mundo do tipo Nove, desacelere o ritmo imediatamente. Sente-se confortavelmente na cadeira, assim meio "jogado" mesmo, e quando se levantar, ande mais devagar, deixando que a vida entre em você, em vez de persegui-la a todo custo.

> *Prefiro esperar para ver o que chega, em vez de sair "correndo atrás". Você entra na "sua" quando senta e relaxa. Pode ser qualquer coisa, qualquer pessoa, e isso tem seu lado interessante.*

Deixe as impressões passarem por você como nuvens fofas e macias num dia quente. Pessoas, objetos, idéias e lugares o levam a elas; todas igualmente entretidas. Uma mulher senta-se a seu lado no banco de um parque; você reage com simpatia e atenção, afaga o cachorro dela. Logo, logo, estão conversando sobre *dachsunds* e a razão pela qual essa raça ficou do jeito que é. Até você perceber que vai acabar chegando atrasado para a consulta se não sair imediatamente, já se passou uma hora.

No caminho, você sente um cheiro delicioso de café vindo de uma cafeteria na esquina. Em questão de minutos, está degustando uma gorda fatia de torta de ricota com um cubano, discutindo com ele a situação política de Cuba. O especialista em *dachsunds* já se metamorfoseou num especialista em política cubana; refletindo o interlocutor como se de algum modo se tivesse fundido a ele. Só que o tipo Nove não se funde da mesma forma que o tipo Dois. Ele não é seletivo; a questão depende apenas de quem por acaso estiver sentado a seu lado na hora.

Para o tipo Nove não é fácil cumprir programações. Mande um representante desse tipo às compras com uma lista de 15 itens. Só um deles, o que está sublinhado no alto da lista, é essencial, o resto tem menos importância — e adivinhe o que não vai ser comprado? Na maioria das vezes, as coisas acabam sendo feitas, só que na última hora. A contabilidade é feita à meia-noite da véspera do prazo, quando finalmente uma onda súbita de energia aparece.

A visão dos representantes do tipo Nove é global. Observe-os falar, agitando os braços em círculos enquanto consideram todas as opiniões, prós e contras, perspectivas, diferen-

ças culturais. Eles são bons ouvintes e perfeitos para as profissões assistenciais (como terapeutas, por exemplo). Você os encontrará na ONU ou negociando a paz no Iraque ou na Irlanda do Norte, dando bom uso a sua diplomacia e capacidade de mediação. Como se saem melhor com uma rotina definida e o conforto do hábito, eles tendem a prosperar nas profissões estruturadas, como burocratas, professores ou funcionários públicos. Contudo, não gostam de identificar-se com uma coisa em detrimento das demais.

Comecei com uma tatuagem, o símbolo do Yin e Yang. Como queria incluir o Islã, fiz outra logo em cima da primeira. Mas e o cristianismo? Então acrescentei uma cruz, o símbolo hindu do "Om"... e o Om Mani Padme Hung tibetano...

A tendência a não tomar posição às vezes se torna paralisante para o tipo Nove. O que seria melhor, um prato indiano ou italiano? E que tal o novo bistrô do *shopping center*? Mais fácil não nadar contra a corrente e deixar os outros decidirem. Quando vir alguém do tipo Nove com ar de tristeza, provavelmente será porque acha que sua opinião não foi levada em consideração — a desvantagem de jamais tomar uma posição. Deixe eu lhe dar uma dica: as pessoas desse tipo geralmente sabem o que não querem e podem tomar uma decisão se tiverem apenas duas opções.

Gente amigável, solícita e eqüitativa, o tipo Nove está sempre pronto a vasculhar a Internet para encontrar a engenhoca recém-lançada ou a receita daquela torta de tâmaras com caramelo-puxa-puxa para você. No dia seguinte, ela estará na sua mesa, pois ele a descobriu e já a comprou. Se as echarpes foram feitas para o tipo Quatro, a Internet foi feita para o tipo Nove. E como ele é generoso com seus conhecimentos, é melhor não estar com pressa quando lhe fizer uma pergunta.

Perguntei a meu marido: "Que horas são?" Além de ficar sabendo que horas eram em Paris, Hong Kong e Nova York, fui brindada com uma detalhada explicação do conceito de tempo. Meia hora depois, eu ainda não sabia que horas eram.

Para o tipo Nove, é praticamente impossível dizer "Não". Fazer isso é arriscar-se a ser rejeitado e perder a chance de alcançar a união perfeita que ele almeja.

Embora possam não demonstrar, a raiva é o problema desse tipo. Em seu caso, ela não é reconhecida (seus representantes muitas vezes alegam jamais sentir raiva) ou é projetada em outra pessoa. Quando seus representantes conseguem manifestá-la, geralmente é de forma passiva, por meio da obstinação. Se ela resolver tomar um longo banho de banheira enquanto você, pronto, espera para levá-la ao restaurante é uma dica bem segura de que ela não estava lá com tanta vontade de sair, para começo de conversa.

Por detestar conflitos, o tipo Nove se dissocia da própria raiva delegando-a inconscientemente a outrem. Todos nós temos trabalho com o lado incômodo de nosso tipo do Eneagrama: quando o tipo Nove por fim reconhece a própria raiva, começa o verdadeiro crescimento. A tentação é exceder-se na comida, na bebida ou no que quer que seja para evitar situações desagradáveis, e isso não é a melhor forma de fazer jus a seu centro da intuição, que está nas vísceras. A melhor forma consiste em observar quando a mão estiver se dirigindo ao bolo e evitá-lo respirando fundo, com o abdômen, e tentando descobrir o que está tentando evitar que está lhe causando a raiva.

Aprendi a olhar para dentro de mim, quando alguém se zanga comigo, para encontrar minha própria raiva não manifesta. É preciso muito para que eu saia do sério, mas isso sempre acontece quando as pessoas ficam com raiva de mim. Fico achando que a raiva delas é injustificada e, por isso, reajo com rebeldia. A princípio foi realmente muito difícil aceitar essa raiva — zangado, eu?

Amante da paz, o tipo Nove prefere mandar cartas desaforadas à companhia de eletricidade, enfrentar a telefônica — qualquer coisa a gritar com quem o ignorou. É melhor deixar essa pessoa esperando enquanto flutua em água perfumada. Dessa forma, o passivo Nove pode ser visto como um controlador.

Os representantes desse tipo em geral saem-se bem em grupos, refazendo as energias na companhia das pessoas. Aportando ao grupo consideração, gentileza, tolerância e mediação, eles sabem trabalhar bem em equipe. Mikhail Gorbachev é um bom exemplo de político do tipo Nove. O ex-Beatle Ringo Starr provavelmente é desse tipo, assim como o cantor Luciano Pavarotti. O diretor Alfred Hitchcock também era do tipo Nove.

Indolência — a paixão do tipo Nove

Quando você consegue ver todas as opções — e há tantas —, como saber qual a que deve ser escolhida? Se, enquanto você está deitado na espreguiçadeira, a grama está implorando para ser cortada, a cerca, pintada e as plantas, podadas — e tudo isso tem a mesma importância —, o que você faz? Ora, nada, é claro.

Ele entrou para pôr as contas em dia; já estava bastante atrasado com elas. Umas duas horas depois, levei-lhe um xícara de chá. Lá estava ele, "fazendo contabilidade": dormindo a sono solto no sofá.

A representante do tipo Nove que não queria ir ao restaurante e simplesmente resolveu não nadar contra a maré, teve preguiça de expor as próprias necessidades. Às vezes é mais fácil fazer sempre a mesma coisa.

Toda vez que vou comer fora, peço sempre a mesma coisa: frango. Assim, não tenho que escolher. Mas, apesar disso, posso falar sobre o assunto, comparar esse frango a outros que comi em outros restaurantes, dizer se o daqui estava melhor que o de lá, qual estava mais crocante, qual o molho mais picante ou o que quer que seja. A chance de falar sobre o prato é igual à que eu teria se escolhesse outra coisa.

Se você acha que está importunando demais um Nove preguiçoso, não se preocupe — ele sabe direitinho importunar a si mesmo: sabe que o trabalho precisa ser feito, sabe que vai ter de acabar fazendo o trabalho, mas quando deita a cabeça no travesseiro, a seu lado na cama, e o trabalho ainda não foi feito, ele sente tristeza pelo tempo jogado fora.

Eu só queria que ela soubesse que eu vou acabar fazendo o que ela me pediu. Só que talvez não na mesma hora. É claro que vou — no fim.

Não é raro haver uma aura de tristeza em torno do tipo Nove por causa de metas não cumpridas, oportunidades perdidas e relacionamentos passados. Trata-se de um padrão antigo — a criança desse tipo muitas vezes se sentiu negligenciada, como se fosse invisível dentro da família. A carga desse auto-esquecimento cai sobre ela como um manto pesado, dando-lhe um ar de cansaço, de inércia.

Há sempre um monte de coisas entre mim e as coisas que de fato quero fazer. Minha cabeça fica parecendo um quarto entulhado de caixas cheias de memorandos. Fico correndo entre elas, tentando fazer um pouco de cada uma das coisas antes que essas caixas caiam em cima de mim. De fora, parece que nada está sendo feito, mas é porque por dentro eu corro entre pilhas de caixas com coisas demais por fazer.

Para as pessoas de qualquer outro tipo, a cilada é pensar que pode resolver a vida do tipo Nove, orientá-lo. Mas se prepare: não é fácil motivá-lo, por mais bem-intencionado que você esteja. O lado bom: o tipo Nove afirma viver uma paz muito grande na sua união com o homem e a natureza.

A sensação de só ser é extremamente absorvente. Posso ficar deitado lá, vendo as nuvens passarem, e me sentir tão unido ao universo que fica difícil até pensar em me mexer. As horas passam, e a impressão que eu tenho é que não há nada que possa ser mais importante que isso.

Tipo Nove – o dinâmico fluxo da energia

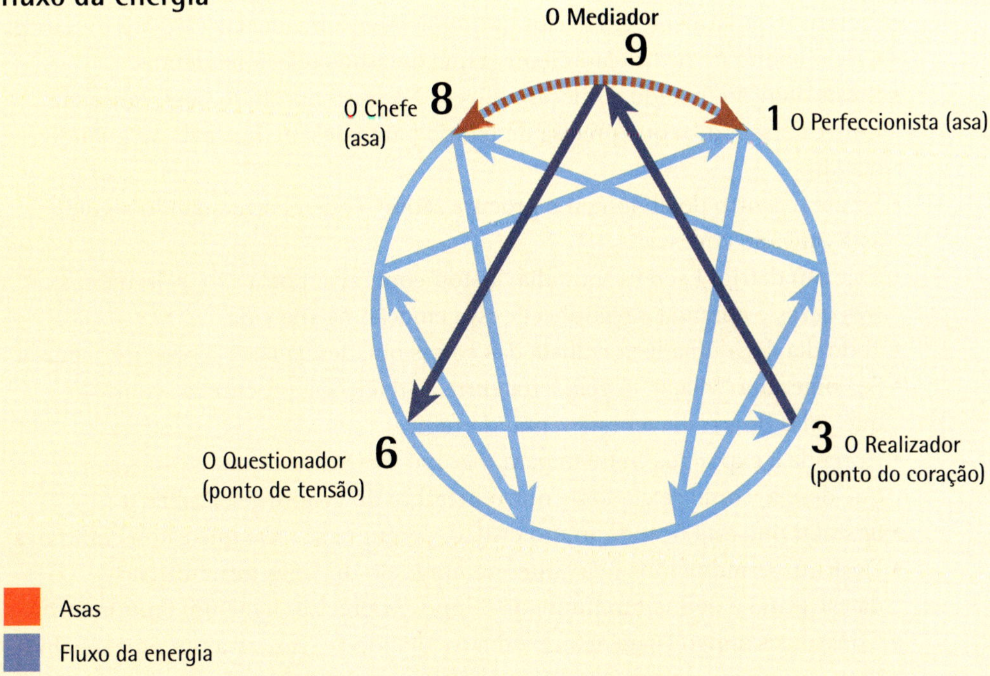

As asas

Uma maior inclinação para a asa Oito dá ao tipo Nove mais energia que a inclinação para a asa Um. Aí ele se torna mais capaz de se impor e mais extrovertido, apesar de um pouco mais rebelde também. Todavia, pode haver um certo conflito entre a vontade de se impor e a de ser um pacificador.

O tipo Nove que tem a asa Um mais forte é mais crítico e rabugento, além de emocionalmente mais controlado.

O fluxo da energia para o tipo Nove

Quando se sente seguro, o tipo Nove passa ao lado positivo do tipo Três, o Realizador. Aí você o vê partir para a ação, tornando-se alguém muito mais concentrado, que se empenha em fazer as coisas. Quando fica assim, o tipo Nove torna-se um excelente professor. Por outro lado, pode assumir compromissos demais e começar a sentir-se exaurido.

Quando está tenso, o tipo Nove se dirige ao espaço do Seis: "Por que você está me pedindo que faça isso?" "Por que eu deveria confiar no diretor da escola?" Contudo, esse espaço lhe proporciona uma energia útil à manifestação de suas necessidades, ajudando-o a ser mais eficiente e realista quanto à maneira de conseguir as coisas.

Como o tipo Nove pode se cuidar e crescer

- Pratique regularmente exercícios que aumentem a freqüência cardíaca e a energia.
- Crie o hábito de pedir claramente o que quer nos relacionamentos.
- Preste atenção quando começar a dizer "Não sei" ou "Tudo bem, tanto faz". Em vez disso, diga que precisa de tempo para pensar e que avisará quando decidir.
- Vá até o centro do abdômen e procure sentir o que ocorre quando alguém está zangado com você.
- Crie um diário. Escreva todo dia "Estou com raiva porque..." pelo menos três vezes e aprenda a reconhecer essa emoção na sua vida.
- Todo dia, faça uma lista realista das coisas que deseja fazer e procure segui-la.
- Se começar a "visitar" a geladeira entre as refeições, procure descobrir de que coisa desagradável está tentando fugir.
- Aprenda a expor sua opinião para o grupo. Pergunte ao seu eu superior o que deseja, como se ele fosse outro membro do grupo, e verbalize-a.
- Se notar que está ficando muito crítico, pergunte-se: "Do que estou com raiva?"
- Desfrute de momentos relaxantes ao longo do dia, mas torne-os parte da estrutura e defina um limite de tempo. Se preciso, ligue um cronômetro.
- Convide os amigos para acompanhá-lo quando se dedicar a um novo *hobby*.
- Pratique a seqüência da Saudação ao Sol (pp. 142-143) todo dia de manhã antes do café.
- Conscientize-se da indolência diante de suas próprias metas para poder trabalhar pela transformação, com amor e carinho por si mesmo, em seu oposto: a ação correta.

Como dar apoio ao tipo Nove

- Seja paciente e dê-lhe tempo para expressar sua opinião, mesmo que isso implique esperar um dia.
- Seja gentil nos *feedbacks*, pois ele é supersensível às críticas.
- Não faça muita pressão nem nutra muitas expectativas quando lhe pedir que faça alguma coisa.
- Elogie-o quando ele fizer um bom trabalho; mostre que notou.
- O tipo Nove adora as demonstrações físicas de afeto — elas o ajudam a entrar em contato com os próprios sentimentos.
- Passe horas tranqüilas ao lado dele vendo a grama crescer.
- Aprenda a confiar em que o trabalho vai ser feito e dê-lhe tempo para fazê-lo.
- Não se aproveite da disposição dele em ajudar quando perceber que ela o está impedindo de dar conta dos próprios compromissos.
- Não deixe de elogiá-lo quando achar que ele está com boa aparência.
- Seja paciente quando ele estiver falando. Dê-lhe o tempo que ele quiser para expor seu ponto de vista.

"O que mais me agrada em ser do tipo Nove"

- O fato de poucas coisas me aborrecerem.
- A capacidade de imaginar como as coisas são do ponto de vista dos outros.
- A capacidade de ficar bem com a minha própria quietude.
- A vontade de observar a grama crescer, as nuvens mudarem de forma, as pessoas.
- A disposição de amar tudo sem querer mudar nada nem precisar me envolver.
- A capacidade de me deixar levar pelos outros sem o menor esforço.

"O que mais me desagrada ou tenho dificuldade em fazer por ser do tipo Nove"

- Não saber o que fazer.
- A falta de automotivação.
- As "possíveis" oportunidades perdidas.
- As épocas em que me sinto desamparado.
- A incapacidade de agir quando me sinto muito pressionado.
- O excesso de sensibilidade à disposição de ânimo dos outros e ao que eles dizem sobre mim.

Como você pode me ajudar

- Dê um tempo para pausas na conversa para que eu possa pôr meus pensamentos em ordem.
- Pergunte-me o que penso, como me sinto. Mas me dê tempo — a sós, se preciso — para responder.
- Não me culpe por sua frustração ou impaciência.
- Tenha o cuidado de não me sobrecarregar por muito tempo.
- Programe coisas para fazer ao meu lado.
- Perdoe-me por divagar às vezes; não é nada pessoal.
- Deixe que eu seja lento ou tranqüilo pelo menos uma vez por dia.
- Se eu não estiver fazendo o que você quer, você tem de me perguntar — com jeitinho e sem fazer pressão — o que está acontecendo.
- Antes de me criticar, reconheça minhas boas qualidades.

CAPÍTULO DOIS

Os cinco elementos

Sua vida se manifesta através do seu corpo e da sua mente

O corpo é seu espírito invisível: ele é o milagre do espírito tornado manifesto.

Yogi Amrit Desai

introdução aos elementos

Agora chegamos a um terreno novo para o Eneagrama: os Cinco Elementos da acupuntura chinesa clássica e suas associações emocionais, físicas e espirituais com os 12 meridianos e com os Nove Tipos. Após apresentar cada elemento, sugerirei determinadas mudanças de estilo de vida que, apesar de boas para todos os tipos, são ainda mais benéficas para alguns deles.

Há muito que se negligencia o trabalho com o Eneagrama a partir de uma abordagem física. Isso frustra aqueles que aprendem com mais facilidade por intermédio do corpo e querem contrabalançar a abordagem mais mental. Espero poder contribuir para corrigir essa situação compartilhando com você o que sei sobre o funcionamento dos meridianos e a maneira como nos afetam psicológica, física e espiritualmente. Além disso, indicarei como podemos ativá-los por meio da meditação, de posturas de yoga e da harmonia com a natureza. Darei muitas sugestões práticas para que você possa trabalhar o comportamento de seu tipo com posturas, meditação/visualização e pequenos ajustes no seu modo de viver. Espero que isso abra um novo caminho de crescimento para os discípulos avançados do Eneagrama e represente uma abordagem holística para aqueles que estiverem começando a aprender como ele funciona.

Vivendo conforme as leis dos Cinco Elementos, você atualizará um potencial sem precedentes de saúde pessoal em todos os níveis. Temos muito a ganhar quando entramos em harmonia com as estações do ano e nossos ritmos naturais. Os estilos de vida modernos nos afastaram das coisas que nos alimentam o espírito — é hora de voltarmos a nos ligar a elas.

Os meridianos

Há quase cinco mil anos, após observarem atentamente as pessoas por centenas de gerações, os agentes de cura da China perceberam que no corpo existiam caminhos dinâmicos de energia. Além disso, perceberam que esses caminhos tinham relação não apenas com os órgãos do nosso corpo e suas funções, mas também com nossas emoções. Acredita-se que eles os tenham descoberto traçando uma relação entre o ponto exato em que uma pessoa é ferida (numa guerra, por exemplo) e os problemas subseqüentes que elas passam a ter com determinados órgãos e emoções em decorrência desses ferimentos.

Esses antigos agentes de cura mapearam os caminhos energéticos e os denominaram *meridianos*, palavra que em chinês significa "urdiduras" (fios dispostos longitudinalmente no tear, pelos quais passa o fio da trama), dando-nos assim uma bela imagem do corpo como um tecido de linhas de energia. Os 12 principais meridianos, que têm cada qual seu caminho, se interconectam, formando um circuito contínuo. Isso é muito importante, pois implica que quando se liberam os bloqueios de um meridiano, os outros 11 se beneficiam. Eles trabalham juntos, como uma equipe. Portanto, se um estiver inativo ou funcionar mal, basta dar-lhe o que ele precisa para recuperar-se e toda a equipe dará um suspiro coletivo de alívio. Os chineses referiam-se a esses membros da equipe (os meridianos) como "funcionários" e viam-nos como subordinados ao rei (o meridiano do coração) para a boa administração do palácio (o corpo e as emoções).

Para ter uma idéia de como isso funciona no seu corpo, imagine que o chefe de estado do seu país tenha sofrido um acidente ou sido acometido por uma doença grave e súbita. Independentemente de sua filiação política, você se sente no mínimo um tanto chocado. Da mesma forma, as pessoas que sobrevivem a ataques cardíacos geralmente atravessam um período de grande confusão e falta de segurança enquanto o regente (o meridiano do coração) se restabelece.

Podemos gerenciar a energia dos meridianos em benefício próprio, não apenas com tratamentos de acupuntura, que requerem um agente externo e agulhas, mas também com nossa própria ação sobre eles, praticando com a devida atenção determinadas posturas do yoga.

Chi, a energia dos meridianos

A energia que corre nos meridianos — conhecida como Chi ou Qi no Extremo Oriente, Prana na Índia e Força Vital no Ocidente — é mostrada em pinturas como um halo luminoso em torno da cabeça de Cristo ou dos santos. Os clarividentes conseguem ver essa aura não apenas ao redor da nossa cabeça, mas sim de todo o corpo, como uma forma oval que se projeta para fora de nós cerca de um metro ou mais. Nossas emoções literalmente colorem nossa aura. Se nos empenhássemos em vê-la, também o conseguiríamos — os animais certamente o fazem. Eles sabem quando estamos com medo e quando nossa atitude é receptiva ou hostil. Alguma vez você já achou que um estranho chegou perto demais de você? Isso se deve ao fato de ele haver entrado na sua aura num momento em que você não estava pronto para recebê-lo ou de ele estar emitindo energia negativa. (Pense nas vezes em que entrou na casa de alguém e sentiu que havia acabado de acontecer uma briga.) Entretanto, há pessoas, por sua vez, que aparentam ser calmas e equilibradas, como se todo o seu ser irradiasse energia e amor para muito além do ser físico. É o "Shen", ou espírito, brilhando através da sua aura.

Tenho certeza de que os antigos agentes de cura não só viam como também sentiam os meridianos e os pontos da acupuntura onde poderiam estimulá-los. Certa vez observei fascinada uma linha de luz brilhando ao longo de um meridiano que eu havia acabado de picar. Ela se estendia desde o ponto da picada até a perna da paciente. Perguntei-lhe, sem a menor noção do que estava vendo: "Você está vendo isso?" E ela confirmou, respondendo: "Essa linha de luz subindo pela minha perna?" Ficamos observando aquilo com assombro até que a luz esmaeceu, uns cinco ou seis minutos depois.

Se não dermos atenção a nossas necessidades físicas, espirituais e emocionais, à medida que envelhecemos, nossa personalidade vai permeando o corpo e se estabelecendo na estrutura, bloqueando o livre fluxo de Chi. Por

Posturas problemáticas

Pessoa A   Pessoa B

exemplo, quando nos apegamos a uma emoção negativa como o medo ou a raiva, ela começa a ter impacto sobre o nosso corpo. Segundo se costuma dizer, depois dos 40 anos, a gente tem o rosto que merece. Eu estenderia isso ao corpo, mas acrescentaria uma nota otimista: em grande parte, podemos reverter esse impacto. Trabalhando o corpo e atenuando os problemas causados pelo nosso hábito de atenção com exercícios de alongamento e meditação, trabalhamos também a psique.

Observe as imagens acima. Não é difícil detectar os hábitos de atenção das pessoas que têm essas posturas. Eles podem até ser contrários à emoção que elas vivem no momento e dar-nos uma impressão errada do que elas estão sentindo.

A **PESSOA A** lidera com a barriga. Sua postura mostra que ela é muito autoconfiante, talvez a ponto de beirar a prepotência. Com o tempo, os músculos do estômago se tornarão flácidos, fazendo a barriga projetar-se, e os músculos das costas precisarão se encurtar para que ela possa manter essa postura. Essa pessoa — que poderia ser do tipo Oito — dará aos outros a impressão de uma suprema autoconfiança. O que talvez lhes passe despercebido é o seu centro vulnerável. Mas se essa pessoa fizer muitas flexões para a frente, soltando os músculos tensos da coluna lombar e contraindo os da barriga, não só vai sentir mais equilíbrio, mas também provocar nos outros reações mais apropriadas. Suas idéias talvez comecem a ser aceitas com mais boa vontade, estabelecendo assim um ciclo positivo.

A **PESSOA B** é uma pensadora, um tipo mental que lidera com a cabeça. A vida está pesando muito nesses ombros. O peito se contrai pelo medo e pela falta de segurança. Os músculos e ligamentos são como os cabos de sustentação desse corpo e o mantêm nessa posição mesmo quando a pessoa está relaxada. Mas, com exercícios para alongar os músculos peitorais encurtados e contrair os músculos frouxos dos ombros, ela pode endireitar o corpo e projetar então uma imagem mais autoconfiante. O resultado para a Pessoa B será uma reação mais positiva dos outros e mais segurança. Ela vai literalmente "fazer frente" às pessoas.

As emoções e os meridianos

No Extremo Oriente, é notória a relação entre o desequilíbrio nas emoções e os problemas físicos. No Ocidente, essa relação é reconhecida instintivamente e está embutida na linguagem. A antiga expressão "de maus fígados", por exemplo, descreve a pessoa geniosa ou vingativa. Quando se diz que alguém "destila fel", o que se implica é que o estado de espírito dessa pessoa reflete amargor ou azedume. (Os meridianos do fígado e da vesícula biliar regulam a expressão da raiva.)

Nestes tempos modernos, se contarmos com abrigo, água limpa, nutrição e vestuário adequados, as causas das doenças provavelmente serão internas, decorrentes do *stress* e do excesso ou carência de determinadas emoções. Quando não temos consciência do comportamento de nosso tipo e agimos compulsivamente, corremos o risco de que nossas emoções nos tragam doenças e perturbem nossos relacionamentos. Uma das formas de nos conscientizarmos mais do comportamento de nosso tipo consiste em prestar mais atenção ao corpo e à maneira como nossas emoções o afetam.

Os tipos do Eneagrama se dividem em três grupos de três. Esses grupos se relacionam a certas questões emocionais nucleares: a raiva (tipos Nove, Um e Oito), o medo (tipos Seis, Cinco e Sete) e a emoção (tipos Três, Dois e Quatro). (Veja o diagrama a seguir.) Se tiver dificuldade para identificar seu tipo, os elementos e suas associações geralmente fornecem uma boa indicação das áreas em que você deveria se concentrar para encontrar pistas.

As três tríades

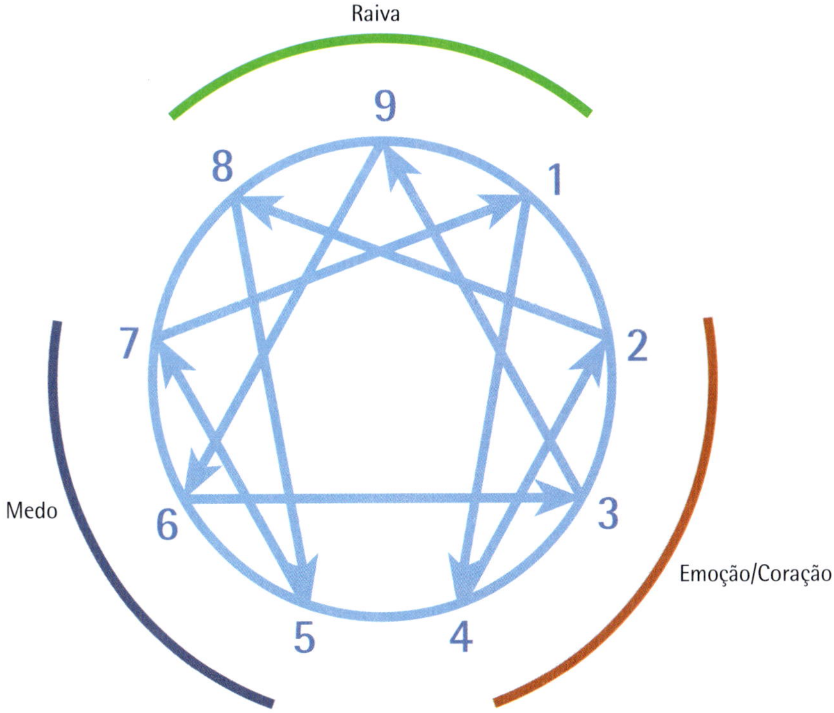

Os 12 principais meridianos estão divididos em cinco elementos: Fogo, Terra, Metal, Água e Madeira. As emoções desses elementos são: Júbilo, Compaixão, Pesar, Medo e Raiva, respectivamente. Embora, como já disse na introdução e no histórico, o ajuste não seja perfeito, em muitos anos de trabalho com a técnica dos cinco elementos na acupuntura, tenho visto repetidas vezes que a promoção do equilíbrio entre os meridianos e seus elementos traz equilíbrio também à personalidade do paciente, principalmente num nível psicológico e espiritual. Os pacientes tornam-se pessoas mais felizes, mais capazes de renovar as forças para enfrentar a vida e, de quebra, melhoram de seus sintomas físicos. Muitas vezes, a conversa é assim: eu pergunto: "Como vai o joelho?", e eles respondem: "Ah, o joelho? Melhorou já faz umas duas semanas."

O fator causativo

O mesmo debate existe tanto nos círculos da acupuntura quanto nos do Eneagrama: adquirido ou inato? Já nascemos com nosso tipo ou é nossa criação que nos torna do jeito que somos?

Cada pessoa tem um elemento que constitui a chave para o funcionamento harmonioso do seu corpo/mente/espírito. Além disso, geralmente há um determinado meridiano que é a chave. Esse desequilíbrio principal é chamado "fator causativo". Quando esse elemento é tratado com a devida consideração, há harmonia e equilíbrio. O problema é que a vida de muitos de nós tornou-se muito distante daquilo que é harmonioso para o corpo/mente/espírito. Nós estendemos ao máximo os limites do corpo quando ficamos acordados depois do anoitecer no inverno, quando ingerimos toxinas (o café é tóxico para o fígado), quando trabalhamos excessivamente e ignoramos os relacionamentos e a vida social.

Tanto neste caso quanto no do tipo do Eneagrama, acredito que nascemos com propensão a ter problemas com um determinado elemento. Isso faz parte do mapa com que vimos ao mundo. Minha sugestão é: da mesma forma que fez no capítulo sobre os nove tipos, leia este com a mente aberta para identificar qual o elemento que lhe corresponde. Pode ser que você tenha um problema com a raiva e não consiga expressá-la, mas talvez ela não seja necessariamente o seu principal problema. Pode ser que um determinado elemento tenha sido especialmente enfatizado — por exemplo, o Elemento Terra seria afetado se você tivesse uma mãe fria e distante ou muito repressora.

Você talvez descubra que um problema precisa ser visto através de um determinado elemento e que pode ser sanado com as posturas e mudanças de estilo de vida adequadas, mesmo que não esteja diretamente relacionado a seu tipo do Eneagrama ou a seu elemento. Somos seres multifacetados, e as energias de todos os cinco elementos se aplicam a nós, funcionando como se em equipe. O corpo/mente/espírito realmente equilibrado deve estar em harmonia com todos eles.

Nas descrições que farei a seguir dos elementos, detenho-me mais nos problemas psicológicos e espirituais que podem surgir do que nos físicos, pois estes são fáceis de imaginar. Eles dependem do trajeto do meridiano ou do órgão em si e seu funcionamento. Por exemplo, no caso do Elemento Madeira (meridianos da vesícula biliar e do fígado), a tensão pode causar hepatite, câncer de fígado, cálculos biliares, problemas oculares, tendinites, problemas nos joelhos etc.

Cada elemento está associado a uma cor, um som, um odor e uma emoção. No que se refere às emoções, cores ou tom de voz, eles representam um excesso ou uma falta.

Após a leitura da seção dedicada a cada um dos cinco elementos, pegue um espelho e verifique o colorido em torno dos olhos e da boca, escute o som de sua voz gravada, cheire as mangas da roupa que vestiu ontem (desculpe, mas isso funciona) e veja se consegue descobrir. Os antigos, que viviam em maior sintonia com a natureza, sabiam essas coisas instintivamente — com o tempo, você também saberá reconhecê-las.

Pense sobre sua emoção predominante: você sente raiva/passividade, é alegre/tristonho, compassivo/indiferente, sente-se aflito ou excessivamente receoso/temerário? Se os cinco indicadores "baterem" — por exemplo, se a área em torno de seus olhos e boca for esverdeada, se sua voz for gritante (ou sumida), se seu odor for rançoso e se você sentir raiva ou não conseguir expressá-la, seu elemento será a Madeira.

o elemento madeira

木

Estação
Primavera

Emoção
Raiva

Meridianos
Vesícula biliar e fígado

Cor
Verde

Som
Gritante

Odor
Rançoso

Hora do dia
23h – 3h

Sabor
Azedo

Controles
Tendões e ligamentos

Corpo
Unhas

Clima
Vento

Estação

Você já pensou alguma vez como é difícil cumprir as resoluções do Ano Novo? E já imaginou como poderiam ser muito mais eficazes se nós as definíssemos no verdadeiro início do ano — isto é, na primavera? Aí é que a energia adormecida da terra desperta, trazendo consigo um grande potencial de crescimento, renovação, mudança e expansão.

Na primavera, a folha da grama rompe o concreto para crescer. As sementes, que estavam adormecidas, guardando sua energia durante o inverno, se rompem e brotam por ação do calor e da luz, que aumentam cada vez mais. As folhas se desenrolam ao sol, as chuvas da primavera nutrem o crescimento, e a energia armazenada nos meses de inverno subitamente entra em ação. Esse é o verdadeiro nascimento do ano, a estação em que o Elemento Madeira tem mais energia.

Se formos saudáveis e tivermos equilíbrio de corpo/mente/espírito, também sentiremos essa explosão de energia positiva, essa sensação de otimismo e renovação. Quando as estações mudam, deveríamos nos ver de uma hora para a outra cheios de planos e novos projetos.

A mudança está no ar. (Uma das pistas que me ajudavam a saber exatamente quando havíamos entrado na primavera era ver essa mudança nos meus pacientes.) Na primavera, podemos de repente não conseguir mais aceitar as restrições que antes aceitávamos; queremos mudar de emprego ou de amor; consertar as coisas que estão quebradas. Os que gostam de jardinagem se motivam a sair de casa e trabalhar ao ar livre, as lojas que fornecem produtos do tipo "faça você mesmo" se enchem de gente, as teias de aranha são finalmente espanadas e as tarefas que pairaram sobre nós por meses de repente não podem esperar mais. Alguns podem inclusive segurar faixas e marchar em prol de uma causa. Basta assistir ao noticiário nessa estação do ano para ver como a energia do Elemento Madeira motiva o espírito humano.

Se você ama a primavera e só se sente energizado nessa época ou perde a motivação quando ela chega, pode ter algum desequilíbrio no Elemento Madeira. Pense em todas as manifestações desse elemento: caules que se dobram ao vento, gravetos, galhos fortes, árvores grandes e altas, árvores jovens e delgadas. As pessoas do Elemento Madeira podem ser o reflexo de qualquer uma dessas imagens.

Emoção

Quando apropriada, a raiva — que é regida pelo Elemento Madeira — é uma emoção positiva. Ela nos ajuda a fazer mudanças na vida que são necessárias ao crescimento. Existem diversos nomes para os variáveis graus de raiva que podemos sentir: irritação, aborrecimento, rancor, ressentimento, fúria, exasperação, cólera, indignação, ira. Se alguém ameaçasse um de meus filhos, eu teria todo o direito de sentir a forma de raiva mais intensa dessa lista. Porém, o que não seria apropriado seria a reação passiva, pois ela permitiria que meus filhos fossem prejudicados. Se alguém chega meia hora atrasado a um encontro, então o apropriado é sentir irritação — sentir indignação seria excessivo, a menos que essa pessoa tivesse o hábito de se atrasar sempre.

Analisemos agora como esse elemento pode afetar os tipos do Eneagrama: o que será da criança do tipo Um se pertencer a uma família em cuja opinião ela nunca consegue fazer as coisas direito? Como vai ser com um crítico exterior que não lhe sai do pé? Junte a isso o hábito de atenção de sempre procurar erros nas coisas. Como o fígado e a vesícula biliar controlam os ligamentos e tendões, a raiva poderia fazer o corpo dessa criança ficar tenso e rígido, perdendo a flexibilidade. A mente tenderia a seguir pelo mesmo caminho. O crítico interior pode transformar cada decisão num martírio: "E se eu não conseguir fazer isso direito? E se eu calçar estas botas hoje e depois descobrir que deveria ter calçado as outras?" Ou: "Só eu faço as coisas direito por aqui. Por que sempre sou eu quem tem de resolver tudo?" Perder-se nesse tipo de monólogo acaba colocando a vesícula biliar sob uma tremenda pressão. E como faz par com o da vesícula biliar — que é Yang —, o meridiano do fígado — que é Yin — vai começar a sofrer também.

O Elemento Madeira respalda nosso crescimento se esses meridianos estiverem saudáveis e funcionarem bem. Mas e quando nossos planos são frustrados? E quando as circunstâncias nos limitam? A planta que cresce em solo ácido nunca florescerá em solo alcalino. O jardineiro deve escolher o lugar certo para transplantá-la e propiciar-lhe um bom desenvolvimento, além de decidir o melhor momento para fazer isso. As frustrações, o *stress* de não levar a vida mais indicada para você se fazem sentir nos meridianos da vesícula biliar e do fígado e, com o tempo, vão afetar o Elemento Madeira. Em breve, a raiva se expressará de uma maneira imprópria, sobrando para quem estiver mais perto. E vai afetar não só os relacionamentos pessoais, mas também o trabalho.

Como reage o tipo Oito, sempre atento às injustiças do mundo, quando não consegue resolvê-las? Ou quando as pessoas têm outra opinião quanto a essa solução e ela for diferente da que o tipo Oito advoga? O fígado é que vai pagar a conta. Ela pode ser cobrada em problemas oculares, dores fortes e súbitas no tórax, tonturas ou até mesmo câncer do fígado. Além disso, pode desencadear uma raiva cuja intensidade excede as proporções normais.

O tipo Nove, cuja raiva geralmente se situa no nível da frustração e é manifesta por meio da agressividade passiva, expressa essa emoção como uma "falta". Por fora, tudo pode parecer concordância e sensatez. Porém, por dentro, ele pode estar com o sangue fervendo por ter sido deixado de lado. Neste caso, a expressão aberta da raiva traria um enorme benefício, incitando o tipo Nove à ação — ou seja, colocando a planta no lugar mais indicado para o seu florescimento.

Meridianos — fígado e vesícula biliar

Além de purificar e armazenar o sangue, o fígado tem outra função: planejar. Fisicamente, ele está ligado aos olhos e à visão. No plano psicológico, ele está associado à previsão. O meridiano da vesícula biliar, no plano psicológico, é o principal funcionário encarregado de todos os processos de tomada de decisão.

Se você pensar sobre a renovação de energias que se processa na primavera, verá o quanto ela está ligada à nossa capacidade de fazer planos e decidir. Após a estagnação do inverno, quando a neblina se dissipa, de repente podemos ver adiante com muito mais nitidez — é indicado agir.

Meridianos (só um lado é mostrado)

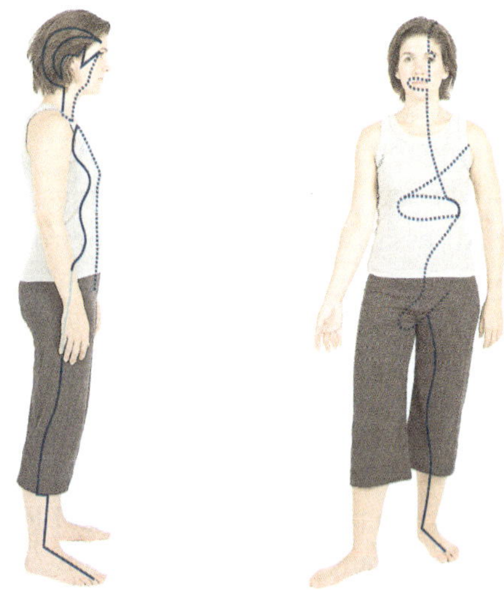

Vesícula biliar — Fígado

--- Caminhos profundos

Cor

A cor que se vê no rosto é em geral tão sutil que, para identificá-la, temos que buscá-la — do contrário, provavelmente nem nos daríamos conta de que ela existe. Os pintores impressionistas certamente reconheciam e pintavam as cores que há nos rostos. Depois de começar a procurá-las, você logo as encontrará também. Quando um elemento está em desequilíbrio, as cores surgem primeiro em torno dos olhos e da boca; em vez de fazer parte da forma, é como se elas emanassem do rosto. Quando o Elemento Madeira está em desequilíbrio ou a pessoa sente raiva, essa cor será o verde. (Uma das melhores formas de identificar essa cor é observar os alcoólatras — nesse caso, talvez não apenas os olhos, mas todo o rosto tenha um tom esverdeado.)

Som

Acredita-se que o som da voz que está associado ao Elemento Madeira seja o do grito ou o da "ausência" deste. Pode ser um grito de verdade (voz gritante) ou uma espécie de tom marcado, no qual cada sílaba é pronunciada com precisão. Mas também pode ser uma voz débil, como um murmúrio que você está sempre tentando distinguir. Muitas vezes é aquela voz que sobressai diante de todas as demais numa festa lotada. Pense no tom estridente da voz da ex-primeira-ministra Margaret Thatcher, tom que ela tanto se esforçou para tornar mais suave. Sua voz continuou soando como um murmúrio zangado. Ela constitui um exemplo de alguém do tipo Um relacionando-se com um elemento apropriado, a Madeira. E não deixa de ser interessante notar que ela teve de submeter-se a uma cirurgia para liberar tendões contraídos nas mãos. Além disso, teve problemas nos olhos e sofreu um derrame, todos eles males relacionados à Madeira.

Odor

Ninguém gosta de pensar que tem "cheiro" (e, com os desodorantes, o problema deixou de ser o que era há alguns anos). Mas, assim como o rosto sutilmente emana uma cor, cada corpo tem seu cheiro próprio, e esse cheiro está associado a um desequilíbrio primário. Ele pode até mudar conforme a disposição de espírito, mas sempre estará presente, em maior ou menor concentração. (Não precisa sentir-

LEMBRE-SE

Se sua cor for verde, se sua voz for gritante ou sussurrante, se você estiver sempre com raiva ou nunca sentir essa emoção ou se seu cheiro for rançoso, você tem um desequilíbrio no Elemento Madeira.

se mal por causa disso; na verdade o cheiro é uma das coisas que podem inconscientemente atrair seu parceiro.) O cheiro do Elemento Madeira é rançoso: ele é penetrante e levemente acre, parecido com o da manteiga quando fica rançosa. Inale-o discretamente na próxima vez que alguém liberar esse cheiro perto de você.

Hora do dia

Os 12 meridianos têm um pico de funcionamento de duas horas a cada dia, seguido de um período de duas horas de queda de energia aproximadamente 12 horas depois. O meridiano da vesícula biliar, encarregado da tomada de decisões, funciona a todo vapor por duas horas a partir das 23 horas. A energia Chi (o Wei Chi), que circula pela superfície do corpo durante o dia, protegendo-nos de patógenos, penetra fundo nos órgãos à noite para recompô-los a partir do momento em que fechamos os olhos. (Pense nas vezes em que foi dormir cedo, preocupado com um problema, e acordou de manhã com a solução.) Se estivermos dormindo antes da "ativação" do meridiano da vesícula biliar, seremos beneficiados por essa renovação noturna. Se ficamos acordados até depois dessa hora, às vezes percebemos seu trabalho e, por isso, ficamos nos virando de um lado para o outro na cama, com a mente girando sem parar.

O horário de pico do meridiano do fígado é entre 1 e 3 horas da manhã. Os notívagos estão sempre desafiando a própria capacidade de fazer planos e tomar decisões. Alguns dos pacientes mais difíceis de curar são os que trabalham à noite.

Sabor

Cada elemento está associado a um sabor. Na tradução para o inglês de Ilza Veith do *Nei Ching: Yellow Emperor's Classic of Internal Medicine*, lê-se que, se atentarmos para os cinco sabores e soubermos mesclá-los bem, poderemos obter benefícios como ossos fortes, músculos sempre jovens e flexíveis, respiração e sangue que circulam livremente, poros de boa textura e, por conseguinte, alento e ossos repletos da essência da vida.

O sabor que atrairá a pessoa que tiver um desequilíbrio no Elemento Madeira é azedo (vinagre, limão etc.). Se você tiver desejo desse sabor, poderá estar tentando corrigir o problema.

Controles

Bloqueada no corpo por ser mal expressa, a raiva afeta todos os tendões e ligamentos controlados pelo Elemento Madeira. A tensão envolvida no controle dessa emoção repuxa demais todas as cordas: observe a mandíbula travada, os punhos cerrados e o cenho franzido da pessoa que está com raiva; os sulcos fundos que se formam entre as sobrancelhas. Quando esse elemento tem equilíbrio e saúde, tanto o corpo quanto a mente ganham em flexibilidade e agilidade.

Corpo

O estado das unhas fornece pistas sobre a saúde do Elemento Madeira.

Clima

O vento exerce um forte efeito sobre esse elemento. Proteja-se bem sempre, principalmente na área do pescoço, quando o vento ficar frio. Há um ponto na nuca que se chama o "tanque dos ventos". Se esse ponto pegar uma corrente de ar, você pode ter um resfriado. O ar condicionado é nocivo quando direcionado para o pescoço e os ombros. (Leve sempre um xale ou uma jaqueta quando for a restaurantes, caso precise sentar num local exposto a correntes de ar condicionado.) O vento incita a raiva e pode causar depressão e instabilidade. No oeste do País de Gales, há um vento forte chamado de *vallen*, que também é o nome dado a um tipo de depressão comum na área.

Como cultivar o Elemento Madeira

em especial no caso dos tipos Um, Oito e Nove do Eneagrama

- Procure dormir antes das 11 horas da noite.
- Preste atenção a seu consumo de álcool. Não se exceda.
- Evite bebidas alcoólicas no almoço, hora em que o fígado tem menos condições de remover as impurezas do sangue.
- Não tome café. Ele é uma toxina, mesmo que tenha um sabor delicioso.
- Não fume maconha. Da mesma forma que a heroína e o LSD, ela é altamente tóxica para o fígado.
- Coma mais alimentos azedos, como limão e vinagre. O marmelo é especialmente bom. Além disso, preste atenção ao desejo súbito de comer esses alimentos, o que indica que a Madeira não está em equilíbrio.
- Se possível, procure comer apenas alimentos orgânicos.
- Aprenda a manifestar a raiva de modo apropriado, para a pessoa que a merece e no momento em que ela é suscitada. Não a fique ruminando. Você vai se surpreender ao ver como a raiva motivada é bem aceita.
- Deixe uma pilha de louça velha pronta para jogar na parede quando o momento não pedir a manifestação aberta da raiva.
- Pratique regularmente exercícios de alongamento para fortalecer os tendões e ligamentos e dissipar a tensão causada pela raiva.
- Observe como a raiva afeta seu corpo. Verifique se costuma ter os punhos fechados, a mandíbula travada etc.
- Procure fazer regularmente caminhadas no campo ou num parque.
- Mude a cor de fundo da tela do seu computador para verde-claro ou pare de vez em quando para olhar o verde das plantas. (Os monges tibetanos usam papel verde para escrever e relaxar o cansaço da vista.)
- Use verde quando desconfiar que há um desequilíbrio no Elemento Madeira. Se não gostar da cor, então use-a apenas na roupa íntima.
- Proteja o corpo (principalmente o pescoço) do vento frio.
- Familiarize-se com os caminhos dos meridianos da vesícula biliar e do fígado (p. 93).
- Pratique os exercícios de yoga sugeridos para os tipos Um, Oito e Nove (Capítulo Três).

Visualização

A meditação apresentada a seguir é de origem budista e destina-se a promover a equanimidade. Ela o ajudará a lidar com a raiva.

1 Sente-se numa posição confortável, com a coluna reta. Se for numa cadeira, não cruze as pernas e assegure-se de que os pés estão em repouso no chão. Se quiser ficar de pernas cruzadas, sente-se numa almofada ou bloco de espuma para que seus joelhos fiquem mais relaxados e bem posicionados no chão. O ideal é uma almofada própria para a meditação, o "zafu", pois ela permite que você se sente bem na ponta da frente, fazendo os joelhos baixarem, além de ajudar a manter a coluna na posição correta (veja as ilustrações da p. 151).

2 Libere o corpo de todas as tensões que ele possa abrigar e coloque uma mão dentro da outra, com os polegares tocando-se levemente. Inspire profundamente umas duas ou três vezes para relaxar e, em seguida, respire normalmente, sem forçar. A respiração seguirá seu próprio ritmo. Quando sua mente divagar, com calma, traga-a de volta à respiração ou à visualização. (Gosto da imagem de um cão numa guia retrátil sendo trazido delicadamente para perto do dono. Se você repreender sua mente, vai ser mais difícil fazê-la voltar. Quando ela se perder, basta continuar fazendo-a voltar a casa e retomar a tarefa da atenção.)

3 Visualize alguém por quem não sente nada específico — um motorista de ônibus, um balconista ou um estranho. Demore algum tempo criando a imagem dessa pessoa na mente. Agora visualize o que ela poderia fazer que o faria mudar positivamente a opinião a seu respeito — uma gentileza, por exemplo. Deixe que as emoções surjam e observe como seu corpo reage.

4 Agora imagine um amigo querido, alguém que sempre é gentil e afetuoso com você. Deixe os sentimentos bons surgirem e aquecerem seu corpo.

5 Em seguida, imagine que essa pessoa faça algo que o leve a mudar de opinião. Permaneça alguns instantes com essa imagem.

6 Por fim, imagine alguém que você considere um inimigo. Deixe que a raiva surja. Em seguida, visualize-o fazendo alguma coisa que o faça mudar de opinião, que o torne seu "amigo" e, assim, dissipe sua raiva. Desfrute por alguns instantes dessa sensação. Observe que o que sentimos depende muito do nosso ego e das nossas projeções.

7 Quando estiver pronto para sair da visualização, concentre-se novamente na respiração, faça pequenos movimentos com os dedos dos pés e das mãos para voltar ao corpo e abra lentamente os olhos quando chegar a hora.

o elemento fogo

Estação
Verão

Emoção
Júbilo

Meridianos
Coração, intestino delgado, pericárdio, triplo aquecedor

Cor
Vermelho

Som
Riso

Odor
Chamuscado

Hora do dia
11h – 15h (coração e intestino delgado)
19h – 23h (pericárdio e triplo aquecedor)

Sabor
Amargo

Controles
Circulação

Corpo
Aspecto geral

Clima
Calor

火

Estação

Você alguma vez já acendeu uma fogueira que, com seu calor e com o bruxulear de suas chamas, não atraísse as pessoas para perto? Não conseguimos resistir ao feromônio do fogo. O pico de funcionamento do Elemento Fogo é no verão, quando a natureza faz crescerem as sementes plantadas na primavera e a vegetação se torna exuberante com o calor e as longas horas de luz. Os contornos se preenchem e podemos exercer a verdadeira generosidade de espírito, o compartilhar da abundância, seja na colheita farta de frutas e verduras ou de um ramo de rosas de doce perfume. Quando o Elemento Fogo está em equilíbrio, a expressão de alegria e afeto para com nossos semelhantes é natural — principalmente no verão, mas também na vida, de uma forma geral. No verão, ganhamos energia extra para socializar e nos divertir ao lado de amigos e familiares. Há ebulição, entusiasmo e abertura do chakra do coração.

Neste momento, gostaria de apresentar-lhe uma lei fundamental dos cinco elementos, a Lei de Mãe/Filho: como no caso do sistema do Eneagrama, neste também há um movimento de energia, pois todos os Elementos estão interconectados. Quando um meridiano está em desequilíbrio, há repercussões. Recebemos abundantes recompensas no verão se honramos o elemento-mãe, a Madeira, na primavera, alimentando a energia do Fogo. Mas e se não ararmos o solo nem plantarmos as sementes na primavera? Por isso é que é tão importante viver de uma maneira que possibilite suporte a todos os Cinco Elementos.

Se você só se sentir vivo no verão — da mesma forma que se não gostar dessa estação —, isso indicará um desequilíbrio no Elemento Fogo.

Emoção

Há quatro meridianos no Elemento Fogo: coração, intestino delgado, pericárdio e triplo aquecedor. Todos eles têm forte efeito sobre a emoção associada — o júbilo — e sobre a forma como esta se expressa nos relacionamentos, sejam eles íntimos ou não. Pense na natureza do fogo: chamas jogando fagulhas para o alto, pequenas centelhas, incêndios devastadores, fogo lento. Observe como a emoção se manifesta nas pessoas que têm um desequilíbrio no Elemento Fogo.

Todos conhecemos o estereótipo do tragicômico, sempre fazendo macaquices que fazem as pessoas rirem, mas triste por dentro. Segundo tenho observado, esse elemento geralmente está em desequilíbrio nos tipos da tríade composta pelos tipos Dois, Três e Quatro do Eneagrama. Isso não quer dizer que os outros tipos nunca sofram um desequilíbrio nesse elemento (lembre-se sempre das inter-relações), mas sim que nessa tríade é comum o Elemento Fogo estar em desequilíbrio: o tipo Três busca amor e aprovação por meio do que faz, o tipo Dois supre as necessidades dos outros para ser amado e o tipo Quatro vai em busca do amor perdido.

Meridianos (só um lado é mostrado)

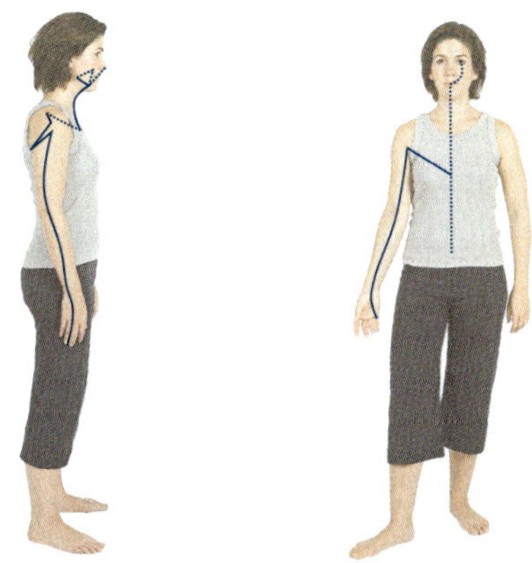

Intestino delgado — Coração

----- Caminhos profundos

Meridianos — coração e intestino delgado

O meridiano do coração é o controlador máximo do corpo, o regente do palácio. As pessoas que têm um desequilíbrio primário nesse meridiano têm presença forte, como a da realeza. Quando entram numa sala, todos as notam — podemos notá-las até mesmo quando elas estão paradas, sem fazer absolutamente nada. Essas pessoas são diretoras, coordenadoras de departamentos, políticas, líderes. Embora possam ter um coração enorme, nem sempre se dão ao trabalho de analisar as próprias emoções. Cheias de garra, essas pessoas têm dificuldade em fazer jus ao coração que têm e reservar tempo para dar e receber amor de seus entes queridos — e quem sofre (inclusive concretamente) com isso é seu coração. Quase sem exceção, tenho verificado a presença desse desequilíbrio específico no Fogo entre meus pacientes do tipo Três. E, muitas vezes, só depois do primeiro ataque do coração é que eles param para fazer um balanço da própria vida. Para eles, é literalmente uma questão de vida ou morte aprender a cultivar esse elemento e a reconhecer as próprias emoções, dando ao coração o devido descanso.

O meridiano do intestino delgado — que se emparelha ao do coração e se estende bem perto deste, só que ao longo da parte externa do braço e do ombro até a orelha — é o responsável pela discriminação. No plano físico, o intestino delgado absorve o que é nutritivo para o corpo e joga fora o lixo. No plano psicológico, o meridiano do intestino delgado ajuda-nos a discriminar o que é bom e o que é ruim para nós, principalmente no que diz respeito aos relacionamentos. Provavelmente, todos temos um amigo que nos deixa preocupados quando, mais uma vez, entra de cabeça no pior relacionamento possível, no emprego errado, na casa construída sobre a areia... sabe como é o padrão. Esse desequilíbrio afeta especialmente as pessoas dos tipos Dois e Quatro.

Meridianos — pericárdio e triplo aquecedor

No plano físico, o meridiano do pericárdio reveste o coração com o fim de protegê-lo. No plano psicológico, esse meridiano — também conhecido como o protetor do coração — é como a secretária que fica na ante-sala, impedindo a entrada de todos aqueles que não tiverem hora marcada. O coração é nosso órgão mais precioso; não pode ser dado a qualquer um; precisa de proteção. Quando alguém do tipo Dois, que faz qualquer coisa para se tornar imprescindível, se dedica demais às ami-

Meridianos (só um lado é mostrado)

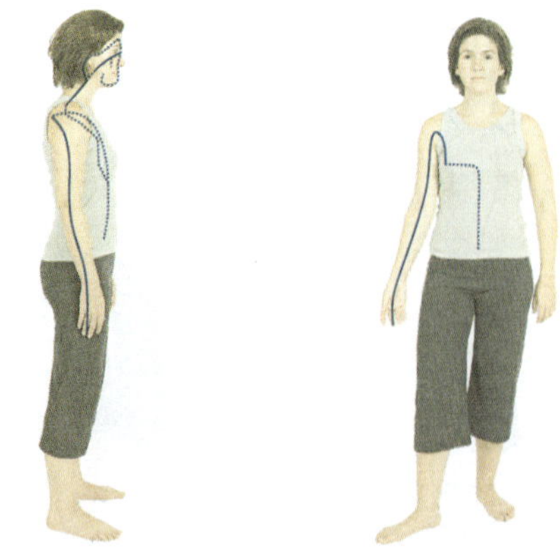

Triplo aquecedor — Pericárdio

----- Caminhos profundos

zades no intuito de criar ou manter muitos relacionamentos íntimos, o pericárdio sofre. De que adianta ter uma secretária se você a ignora? Essas são pessoas que entregam seu coração numa bandeja — elas são só coração. Na parte interna do pulso há um ponto do pericárdio chamado de Grande Monte. Penso nesse meridiano como um monte atrás do qual posso me esconder quando as demandas das pessoas extrapolam o aceitável.

Em vez de estar relacionado a um órgão, o triplo aquecedor relaciona-se a uma função: o controle do calor e do frio para que todos os órgãos se mantenham na temperatura ideal. No plano psicológico, como todos os meridianos do Elemento Fogo, ele afeta os nossos relacionamentos, só que dessa vez são os mais gerais, com colegas e conhecidos, assim como a nossa constância nos relacionamentos mais íntimos. Quando um amigo "esfria" e "esquenta" com você, a razão bem pode ser um desequilíbrio no triplo aquecedor. Um dia você telefona e ele não quer mais parar de falar com você; no outro, ele reage como uma pedra de gelo e você se pergunta: "O que será que eu fiz de errado?" Tenho observado que esse meridiano é afetado quando as pessoas do tipo Dois criam ressentimento e é muito comum nas pessoas do tipo Quatro quando adotam um comportamento do tipo "repelir/atrair". Esse meridiano também pode se danificar quando se tem um pai/mãe ou parceiro cujas reações se alternam entre os extremos da afetividade e da frieza.

Os desequilíbrios no triplo aquecedor podem afetar nossa capacidade de ficar à vontade com outra pessoa ou com um grupo de pessoas. O certo seria podermos passar sem problemas de uma coisa à outra, em vez de favorecermos uma em detrimento da outra.

As pessoas do Elemento Fogo às vezes têm um problema com o tato e o toque. Elas podem oscilar entre os extremos do excesso e da escassez, tornando-se frias quando os outros se aproximam demais. Embora seja uma boa maneira de estimular todos os elementos, a massagem é particularmente eficaz nos desequilíbrios do Fogo.

Cor

Manifesta-se como vermelho ou como a falta dessa cor.

Som

O som que se associa ao Elemento Fogo é o do riso. Tudo que é dito tem uma espécie de cadência parecida com a de uma risada. Além disso, muitas vezes as pessoas de fato riem após dizer alguma coisa. Isso se acentua ainda mais quando há algum desequilíbrio. (Quisera eu ter ganho uma moeda cada vez que ouvi uma pessoa com um desequilíbrio no Elemento Fogo me contar, rindo, um fato arrasador de sua vida.) E o oposto — a incapacidade de rir — também é possível. (Meu carismático mestre, J. R. Worsley, costumava passar por baixo do divã, de quatro, quando queria tomar o pulso de um paciente triste só para testar sua capacidade de rir.)

Odor

O odor de um desequilíbrio no Elemento Fogo é o chamuscado, um pouco como o cheiro de roupa recém-passada. Da próxima vez que alguém do tipo Dois, com seu exagero no riso e na melosidade, lhe der um abraço forte, tome nota do seu odor.

Hora do dia

O horário do pico de funcionamento do coração fica entre as 11 da manhã e a 1 da tarde, com a correspondente baixa 12 horas depois. É comum ocorrerem ataques cardíacos à noite, durante esse período de baixa atividade. Embora o tipo Três possa zombar da idéia e alegar falta de tempo, descansar ou cochilar por uma meia hora depois do almoço faz muito bem ao coração.

O funcionamento do meridiano do intestino delgado tem seu pico entre 1 e 3 da tarde. É nessa hora que temos mais capacidade de discriminação e, por isso, esse período é perfeito para trabalhar em revisões e outras tarefas que demandem essa faculdade.

O horário do pico de funcionamento do pericárdio situa-se entre as 7 e as 9 da noite. Esse é um bom período para relaxar, rir e conversar com os amigos — em volta da lareira, no inverno, e ao ar livre, no pôr-do-sol, no verão.

O horário do pico de funcionamento do triplo aquecedor vai das 9 às 11 da noite. É a hora de acalentar a chegada do sono e preparar-se para dormir. No mundo moderno, com a luz elétrica e a TV, esse meridiano é sempre mais solicitado do que deveria.

Sabor

O sabor que se associa ao Elemento Fogo é o amargo. Os vegetais verdes de sabor forte — como a endívia, a chicória e o repolho — e a cerveja o estimulam. Preste atenção se sentir muito desejo desse sabor ou se não o suportar, isso pode indicar que está precisando observar melhor o Elemento Fogo em você.

Controles

Tudo que se relaciona à circulação está vinculado a este elemento. O triplo aquecedor atua no sentido de manter as condições termostáticas ideais para o funcionamento do corpo, para que todos os órgãos funcionem bem. O coração bombeia o sangue. O intestino delgado absorve do sangue aquilo que nos alimenta e o purifica, e o pericárdio envolve e protege o coração. Os problemas de circulação — como varizes, pressão alta e coágulos — são muito influenciados pela maneira como tratamos o Elemento Fogo que há em nós.

LEMBRE-SE

Se sua voz sempre/jamais soar como uma risada, se a região em torno dos seus olhos e boca for vermelha ou se essa cor estiver ausente dessa área, se seu odor for chamuscado e se você se sentir excessivamente alegre ou triste, você tem um desequilíbrio no Elemento Fogo.

Corpo

Nossa aparência revela a saúde do Elemento Fogo. As pessoas que têm algum desequilíbrio em qualquer dos meridianos do Fogo em geral sofrem de problemas do coração, das veias e das artérias. Se o triplo aquecedor estiver implicado, elas podem ter fogachos, sentir muito frio ou oscilar loucamente de um extremo a outro. Além disso, uma área do corpo pode ser excessivamente fria ou quente.

Se isso for a sua descrição, deite-se sem roupa e verifique a temperatura do seu torso, na parte do ventre, logo acima do umbigo, e no peito. Se essas áreas não estiverem igualmente aquecidas, há algum desequilíbrio no seu triplo aquecedor.

Clima

O calor afeta o Elemento Fogo. Tomar sol ao meio-dia, por exemplo, vestir-se inadequadamente no frio ou tomar saunas e banhos escaldantes têm efeito nocivo sobre esse elemento.

Como cultivar o Elemento Fogo

em especial no caso dos tipos Dois e Três do Eneagrama (e certas pessoas do tipo Quatro)

- Procure tirar um cochilo por meia hora após o almoço.
- Reserve tempo para estar com os amigos, principalmente no verão. No inverno, reúna-se com eles em torno da lareira.
- Coma muitas folhas verdes.
- Vá para a cama entre 9 e 11 da noite.
- Agende uma sessão de massagem por semana.
- Tome longos banhos mornos de imersão. Cerque-se de velas.
- Sempre que possível, procure jantar à luz de velas com o parceiro.
- Se tiver problemas com o sentido do tato, faça exercícios para treinar a concentração sensorial.
- Seja seu próprio secretário na ante-sala — aprenda a dizer: "Não, você não pode entrar agora!"
- Seja sensato quanto ao sol. Não se exponha ao meio-dia, fique na sombra.
- Não tome café. Ele é tóxico e acelera o coração. E, apesar de amargo, não é um meio sadio de ingerir esse sabor.
- Beba uma taça de vinho à noite, a não ser que tenha algum problema com bebidas alcoólicas.
- Não se exceda no álcool e nunca use cocaína nem ecstasy — além de ilegais, elas são drogas de alto risco para quem tem um desequilíbrio no Elemento Fogo.
- Não trague o Fogo por meio do fumo.
- Aprenda a reconhecer quando suas chamas estiverem queimando demais ou apenas bruxuleando.
- Use vermelho quando sentir que seu Fogo está baixo. Se não gostar da cor, então use-a na roupa íntima.
- Aprenda a reconhecer o amor que recebe.
- Familiarize-se com os trajetos dos meridianos do coração, intestino delgado, pericárdio e triplo aquecedor (pp. 99 e 100).
- Pratique os exercícios de yoga sugeridos para os tipos Dois, Três e Quatro (pp. 128-133).

Visualização

1 Sente-se numa posição confortável, com a coluna reta. Se for numa cadeira, não cruze as pernas e assegure-se de que os pés estão em repouso no chão. Se quiser ficar de pernas cruzadas, sente-se numa almofada ou bloco de espuma para que seus joelhos fiquem mais relaxados e bem posicionados no chão. O ideal é uma almofada própria para a meditação, o "zafu", pois ela permite que você se sente bem na ponta da frente, fazendo os joelhos baixarem, além de ajudar a manter a coluna na posição correta (veja as ilustrações da p. 151).

2 Respire devagar, sem forçar, apenas acompanhando o fluxo com a mente.

3 Visualize uma pessoa querida sentada diante de você. Observe atentamente cada detalhe de seu rosto, principalmente os olhos.

4 Sinta o amor por essa pessoa surgir no seu coração e deixe esse sentimento crescer.

5 Quando o sentimento ficar bem forte, estenda o amor a outras pessoas próximas, imaginando cada uma delas enquanto faz isso.

6 Sinta como se o amor emanasse de você como néctar para essas pessoas queridas.

7 Em seguida, sinta o amor voltar para você e o envolver completamente. Desfrute do amor dado e recebido. Imagine uma aura de luz verde bem clara.

8 Imagine essa luz estendendo-se para além do seu corpo, adentrando o universo.

9 Quando estiver pronto, concentre-se novamente na respiração, faça pequenos movimentos com os dedos dos pés e das mãos e abra lentamente os olhos quando chegar a hora.

o elemento terra

Estação
Fim do verão

Emoção
Solidariedade

Meridianos
Estômago e baço

Cor
Amarelo

Som
Cantado

Odor
Fragrante

Hora do dia
7h – 11h

Sabor
Doce

Controles
Digestão/Assimilação

Corpo
Músculos/Carne, boca

Clima
Umidade

土

Estação

Os chineses têm uma estação a mais: o fim do verão. Uma forma de reconhecê-lo é que ele tem um pouco de todas as demais estações. Um dia, você sai de manhã e há neblina e um frio dignos do inverno. No outro, faz um calor de matar, como no alto verão. No dia seguinte, você percebe que umas folhas já começam a cair; logo depois, o ar fica fresco e primaveril. Essa é a época da colheita, de recolher todos os frutos do seu trabalho. No fim do verão, as hortas e jardins produzem frutas e verduras em abundância. Num piscar de olhos, uma abobrinha vira uma "abobrona". É também a época em que as sementes amadurecem e ficam prontas para o ano seguinte.

Aquele que fez planos e tomou decisões na primavera, que desfrutou do riso e da alegria do verão, agora fará essa colheita. Quem tem algum desequilíbrio no Elemento Terra pode sentir-se perceptivelmente melhor no fim do verão, quando o elemento absorve um pouco mais de energia. Mas se no seu caso o Elemento Terra já tiver energia em excesso, talvez você se sinta pior.

O Elemento Terra é nossa base, nosso eixo: a cinza quente do fogo transformada. Imagine a terra, nosso lar, flamejante a ponto de atingir o estado líquido no centro, fresca e frutífera no exterior, promovendo a vida. Quando em equilíbrio, as pessoas do Elemento Terra são fortes, sensatas, estáveis, maternais e atenciosas. Mas se a vida não as tiver alimentado — se elas não tiverem tido a chance de desfrutar dos devidos cuidados maternos na infância ou se negligenciarem ou abusarem do alimento que dão ao próprio corpo —, o Elemento Terra se desestabiliza, como solo esfarelado. Por conseguinte, elas se tornam ansiosas, constantemente preocupadas, ruminando as coisas sem parar. Pense nas diferentes características que pode apresentar o solo: alagado, instável, ressecado, fértil. Qualquer dessas características pode estar refletida no temperamento de uma pessoa do Elemento Terra.

Emoção

Além da solidariedade, o Elemento Terra controla também a preocupação. Pense numa energia que nutre e cuida de uma forma maternal. A expressão apropriada dessa emoção nos permite sentir empatia diante de nossos semelhantes. Já sua *overdose* descamba no estereótipo da saturante "mãe judia".

Quando o Elemento Terra é prejudicado por hábitos alimentares pobres ou por um desenvolvimento emocional insuficiente, a solidariedade é afetada. Todos precisamos dar e receber, em proporções mais ou menos iguais, aceitando o fato de que às vezes o ponteiro da balança pende mais para um lado do que para o outro. Os problemas surgem quando isso ocorre de maneira sistemática.

Quando alguém excede os limites da empatia, ela pode transformar-se em sacrifício. "Eu me sacrifico por você, e você nunca pensa em mim." (Lembra-se da história da *Galinha vermelha* e do trigo que ela plantou, colheu e transformou em pão para seus pintinhos?)

O excesso de cuidado e doação exaure o Elemento Terra e geralmente se traduz em problemas digestivos e uma mente consumida pela preocupação. O oposto: aquele que estiver no outro extremo será incapaz de reconhecer as necessidades alheias e refratário à solidariedade.

Meridianos (só um lado é mostrado)

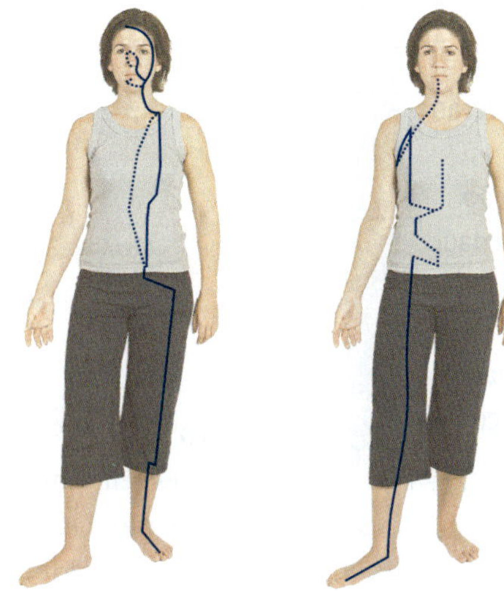

Meridianos – estômago e baço

O meridiano do estômago, que está associado à digestão — à assim chamada decomposição e amadurecimento dos alimentos — também está relacionado à nossa capacidade de amadurecer e decompor-nos mentalmente. Todos precisamos saber absorver as coisas, assimilar idéias e informações — fazer sua compostagem, por assim dizer. Mas, depois de revolvidas e batidas, as pilhas de composto precisam descansar. Quando o Elemento Terra está em desequilíbrio, as pessoas ficam revolvendo as coisas sem parar (muito como faz o tipo Nove, deixando assim de arregaçar as mangas e pôr mãos à obra). Isso as deixa exaustas ao final. Muitas vezes, elas ficam com o rosto crispado de preocupação, a testa cheia de rugas e os cenhos juntos, franzidos. Seu olhar costuma ser doce, como o de um cachorrinho, com a cabeça posta meio de lado enquanto escutam com empatia. Precisamos de igualdade também na doação e no cuidado — tipo Dois, tome nota disso!

Além de participar da regeneração celular e do armazenamento do sangue, o baço é o responsável pelo transporte, encarregado de levar o alimento a todas as partes do corpo. Quando ele está debilitado, afeta nossa capacidade de pensar com clareza, tornando nosso raciocínio confuso e pouco claro. Como o baço tem a propriedade de dar apoio aos demais órgãos, não é raro observar problemas como prolapsos (hemorróidas, por exemplo) quando o meridiano que lhe corresponde está fraco.

Cor

Apropriadamente, a cor do Elemento Terra é o amarelo, como os campos dourados do fim do verão, à espera da colheita. Nas pessoas que têm um desequilíbrio no Elemento Terra, observa-se um tom amarelado em torno dos olhos e da boca.

Som

O som da voz da pessoa que tem um desequilíbrio no Elemento Terra é cantado. Para identificá-lo, observe as mensagens deixadas na sua secretária eletrônica. Quando escutar uma voz que sobe e desce como se a pessoa estivesse cantando uma canção ou falando com um bebê, é a voz do Elemento Terra, que fala tanto por meio das mulheres quanto dos homens. Também é possível que ela se faça ouvir como um tom monocórdio ao qual "falta" música.

Odor

O odor associado a um desequilíbrio no Elemento Terra é fragrante. Da próxima vez que alguém for meloso demais com você a ponto de sufocá-lo, inspire discretamente e veja o que pensa.

Hora do dia

O horário do pico de funcionamento do meridiano do estômago fica entre as 7 e as 9 da manhã. No entanto, quando é que nós ocidentais fazemos a principal refeição do dia? Se você tomar um bom café da manhã, o meridiano do estômago terá força para digerir praticamente qualquer coisa e realizar a contento suas funções físicas e psicológicas. O antigo ditado que nos manda comer como um rei ao acordar, como um príncipe ao meio-dia e como um mendigo ao cair da noite continua valendo. A pior coisa que você poderia fazer ao Elemento Terra é "pular" o café da manhã, ficar sem comer o dia todo e se empanturrar com uma refeição monstruosa à noite. Quando nossa principal refeição é o jantar, ela fica lá, mal digerida, no pobre do estômago, que é obrigado a trabalhar quando deveria estar descansando. Às vezes podemos resolver até problemas de peso ajustando os hábitos alimentares conforme a programação do estômago. Quando estudei em Guangzhou, antigo Cantão, na China, adorava ver os alunos da faculdade virando cumbucas enormes de vegetais, arroz ou macarrão fumegantes, com um pouco de carne ou tofu, no café da manhã.

Se tomarmos um bom café da manhã entre as 7 e as 9, quando o baço entrar em cena, entre as 9 e as 11 da manhã, para colocar as coisas em funcionamento, teremos mais energia e mais clareza para trabalhar. Isso nos ajudará a passar do pensamento à ação — coisa que costuma ser problemática para o tipo Nove.

Sabor

Quando há um desequilíbrio no Elemento Terra, as pessoas podem comer em demasia na tentativa de se alimentar, só que ficam atraídas pelo tipo de comida errado, em especial o sabor doce (que é o primeiro que conhecemos, no leite materno). Assim, costumam comer demais coisas como doces, bolos, laticínios e chocolate ao leite, que devem ser ingeridos sempre com moderação. O corpo tanto pode ser grande e avolumado quanto chupado e mal nutrido. No outro extremo, pode haver pouco ou nenhum apetite, entusiasmo e gosto, seja pela comida ou pela vida. Tenho observado desequilíbrio no Elemento Terra em muitas pessoas do tipo Dois — dão obsessivamente, mas por dentro anseiam por receber — e do tipo Nove, que tendem a comer demais e a exceder-se nos doces.

Controles

O Elemento Terra controla a digestão e a assimilação no nosso organismo.

Corpo

Os músculos e a própria carne estão associados ao Elemento Terra. O tônus muscular de uma pessoa pode revelar muita coisa sobre o estado desse elemento. Ela é Terra alagada —

retém água, fica com os tornozelos inchados — ou Terra ressecada, empobrecida? A boca também está associada ao Elemento Terra e pode fornecer-lhe mais pistas.

Clima

A umidade é o fator climático que está associado ao Elemento Terra. Ela pode provocar a dor de cabeça característica dos desequilíbrios nesse elemento, a qual é difícil de localizar, mas, às vezes, lateja no alto de qualquer dos lados da testa e se faz acompanhar de náusea. O clima úmido geralmente nos torna lânguidos, fazendo-nos sentir pesados.

LEMBRE-SE

Se a região em torno dos seus olhos e da boca for amarela, se sua voz for melodiosa/monótona, se seu odor for fragrante e se seus problemas girarem em torno da empatia e da solidariedade, você tem um desequilíbrio no Elemento Terra.

Como cultivar o Elemento Terra
em especial no caso dos tipos Dois e Nove do Eneagrama

- Sempre faça o desjejum, mas termine de comer antes das 9 horas da manhã.
- Procure evitar fazer refeições pesadas depois das 6 horas da tarde. O almoço é a melhor opção.
- Fique de olho na ingestão de doces.
- Exercite-se regularmente para tonificar os músculos.
- Sente-se à mesa para comer — sem rádio, TV, nem jornal.
- Coma regularmente, sem "saltar" refeições.
- Espere a comida ser devidamente digerida após cada refeição.
- Evite comer alimentos frios em excesso, pois eles prejudicam o baço.
- Mastigue a comida direito.
- Não coma de pé nem andando.
- Não se alimente como um ioiô, oscilando loucamente entre a falta e o excesso.
- Sempre saia da mesa pensando que poderia ter comido um pouco mais.
- Aprenda a dizer "Não"; a reconhecer que nem sempre você tem a obrigação de cuidar dos outros.
- Peça ajuda quando precisar. Dê aos outros a satisfação de cuidar de você também.
- Ponha as mãos na terra literalmente: pratique jardinagem, plante, semeie, cave.
- Use amarelo para dar força ao Elemento Terra.
- Caminhe descalço na grama.
- Estire-se no chão e sinta-se apoiado pela terra que está sob o seu corpo. (Recomendo as três últimas sugestões especialmente após as viagens de avião.)
- Evite o excesso de umidade em casa, onde você tem controle sobre o ambiente. Se necessário, use um desumidificador.
- Familiarize-se com os caminhos dos meridianos do estômago e do baço (p. 106).
- Pratique a Seqüência do Sol (pp. 142-143).

Visualização

1 Sente-se numa posição confortável, com a coluna reta. Se for numa cadeira, não cruze as pernas e assegure-se de que os pés estão em repouso no chão. Se quiser ficar de pernas cruzadas, sente-se numa almofada ou bloco de espuma para que seus joelhos fiquem mais relaxados e bem posicionados no chão. O ideal é uma almofada própria para a meditação, o "zafu", pois ela permite que você se sente bem na ponta da frente, fazendo os joelhos baixarem, além de ajudar a manter a coluna na posição correta (veja as ilustrações da p. 151).

2 Imagine-se num belo campo de trigo maduro, à luz dourada do entardecer.

3 Enquanto caminha lentamente até o meio desse campo, você sente o trigo roçar-lhe as mãos e as pernas.

4 No meio do campo, você encontra uma clareira de terra morna e avermelhada.

5 Lá no meio dessa terra, você encontra um objeto que representa aquilo que o alimenta na vida.

6 Caminhe em torno desse objeto, observando atentamente cada pequeno detalhe. Em seguida, pegue-o ou estenda a mão e toque-o.

7 Detenha-se na apreensão do sentido e da energia desse objeto.

8 Deixe o objeto onde ele estava e agradeça à Mãe Terra por deixá-lo compreender o que é aquilo que o alimenta.

9 Volte pelo mesmo caminho por onde veio e saia do campo de trigo dourado, ciente de que poderá retornar sempre que achar que precisa de uma orientação quanto ao seu verdadeiro alimento.

10 Quando estiver pronto, concentre-se novamente na respiração, faça pequenos movimentos com os dedos dos pés e das mãos e abra lentamente os olhos quando chegar a hora.

o elemento metal

Estação
Outono

Emoção
Pesar

Meridianos
Pulmão e cólon

Cor
Branco

Som
Choroso

Odor
Fétido

Hora do dia
3h – 7h

Sabor
Acre

Controles
Eliminação

Corpo
Pele e pêlos do corpo

Clima
Seco

金

Estação

As folhas começam a murchar e as cores se avivam de uma forma magnífica quando o outono, como um cisne prestes a morrer, fecha as asas sobre o ano. Essa é a estação em que o Elemento Metal floresce. Quando ele está em equilíbrio, olhamos o esplendor à nossa volta e ele nos eleva o moral; sentimo-nos mais perto do Divino. Depois, quando as folhas caem, ganhamos uma visão mais ampla através do esqueleto dos galhos. Assim por fora como por dentro: o corpo/mente/espírito vê além da superfície nesse instante. Seja qual for a forma que assuma a nossa relação com o espírito, todos precisamos dessa dimensão, seja com Deus, Alá, Buda, Cristo ou simplesmente abrindo o coração quando admiramos o colorido exuberante das folhas.

Entretanto, se você tiver um desequilíbrio no Elemento Metal, pode não gostar da pungência do outono ou só se sentir bem nessa época do ano.

Emoção

O Elemento Metal nos permite expressar pesar com propriedade, no momento da perda, para depois retirar o luto e ir em frente. É no outono que nos libertamos dos remorsos e ressentimentos, que também são formas de pesar. Quando as tempestades do outono rompem os galhos das árvores, livrando-as da madeira morta, deveríamos fazer o mesmo. Podemos usar a energia do Metal para limpar armários antigos, que ficam muito tempo fechados — e enquanto o fazemos, poderíamos estar fazendo o mesmo num nível mais profundo. Quando o futuro nos parece sombrio, devemos observar quais os compromissos que assumimos que não nos estão fazendo bem. De que — ou quem — você poderia abrir mão?

Este elemento está relacionado à força do pai, tanto o natural quanto o celestial. As pessoas do Elemento Terra têm problemas ou afinidades especiais com as mães; no caso do Metal, é com os pais. Elas muitas vezes afirmam ter tido pais cuja tirania lhes roubou toda a segurança.

O Elemento Metal deve seu nome aos metais preciosos encontrados nas rochas: ouro e prata, gemas e cristais. Ele se relaciona à qualidade que há em nossa vida. Muitas vezes

Meridianos (só um lado é mostrado)

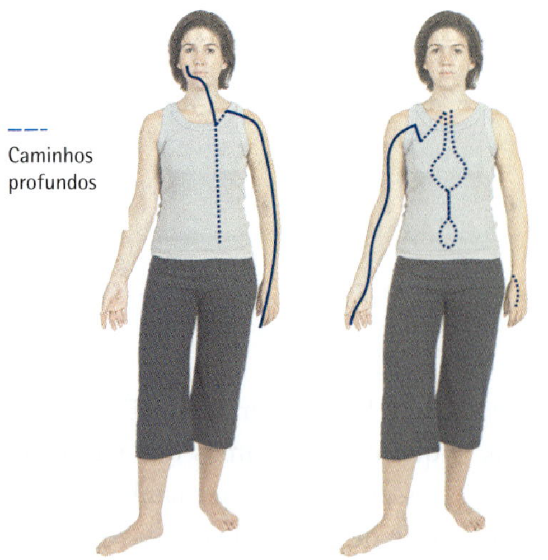

Cólon (também na parte de trás do ombro) Pulmão

vemos pessoas do Elemento Metal usarem uma jóia bonita ou chamativa no intuito de contrabalançar a falta de amor-próprio — e, sim, você está certo, isso tem muito que ver com o tipo Quatro do Eneagrama. Descobri que os pacientes que têm algum desequilíbrio no Elemento Metal são, quase sem exceção, do tipo Quatro. O tratamento dos meridianos no pulmão e do cólon tiveram efeitos benéficos significativos, dissipando a sensação de perda, abandono e baixa auto-estima. E, embora não fosse primordial, também detectei esse mesmo desequilíbrio em pacientes do tipo Cinco e, ocasionalmente, do tipo Um.

Meridianos – cólon e pulmão

Os meridianos do Elemento Metal são responsáveis pela eliminação. O cólon é o encarregado do descarte do lixo — fisicamente, eliminando as fezes e, psicologicamente, livrando-nos dos remorsos e ressentimentos. O meridiano do cólon passa pelos ombros, área em que descarregamos os rancores e a tristeza. (Observe a postura de uma pessoa muito ressentida ou triste.) Se tiver dores nos ombros, procure descobrir ao que de negativo está se aferrando.

O meridiano do pulmão está emparelhado ao do cólon. Os pulmões também são responsáveis pela eliminação no processo da expiração. A cada vez que expiramos, expelimos toxinas. Mas pense na palavra "inspiração" — ela não descreve precisamente aquela relação com o Divino que é a dádiva do Elemento Metal? Poderíamos dizer que ele está encarregado do controle de qualidade. O Chi da vida é um dom concedido pelos céus e absorvido pelos pulmões. Pergunte-se sempre: "Estou dançando conforme a música da vida e cuidando do meu Elemento Metal?"

A postura recomendada para o tipo Quatro (pp. 132-133) libera os ombros e abre o peito, abrindo espaço para os pulmões e atuando física e emocionalmente sobre o Elemento Metal.

Cor

A cor associada aos desequilíbrios no Elemento Metal é o branco. Embora no Extremo Oriente agora esteja na moda casar-se de branco como no Ocidente, para eles essa cor é tradicionalmente associada ao luto. Na China, certamente a noiva usaria a cor mais associada à sorte, que é o vermelho. Procure ver o branco que se estampa no rosto das pessoas que estão sob o impacto da perda recente de um ente querido, dos asmáticos ou dos que sofrem dos intestinos.

Som

É um som plangente, talvez o de identificação mais fácil entre os cinco. Independentemente do que a pessoa diga, o tom é alto, quase estridente, e soa como se ela estivesse prestes a cair em pranto.

Odor

Nada mais apropriado que o odor associado ao Elemento Metal seja fétido. Caminhe num bosque no outono para sentir o odor de fungos, de algo que já passou do ponto de amadurecimento, do Metal.

Hora do dia

Você alguma vez já acordou de madrugada porque precisava correr para o banheiro? O meridiano do cólon atinge seu pico de funcionamento entre as 5 e as 7 da manhã e, por mais inconveniente que lhe pareça, esse é o melhor horário para esvaziar o intestino. Várias pessoas relatam ter-se curado da prisão de ventre depois de reconhecer esse fato e adiantar um pouco mais seu horário de acordar e de dormir.

O meridiano do pulmão precede o do cólon, com o pico de energia entre as 3 e as 5 da manhã. Embora o sono nesse horário contribua para restabelecer muito os pulmões, é também um excelente momento para dedicar-se ao Espírito. Isso pode explicar por que os religiosos costumam acordar tão cedo para orar ou meditar.

Sabor

O sabor acre da cebola, do alho e das especiarias está associado ao Elemento Metal. O desejo forte de comer *curry* pode indicar que você está tentando absorver esse elemento. A aversão a esse sabor também pode indicar um desequilíbrio.

LEMBRE-SE

Se a região em torno dos seus olhos e da boca for branca, se sua voz soar como se você estivesse chorando, se seu odor for fétido e se você for atormentado pelo remorso e pela tristeza, você tem um desequilíbrio no Elemento Metal.

Controles

Como descrito acima, o Elemento Metal controla a eliminação por meio dos meridianos do cólon e do pulmão. A postura recomendada para o tipo Um (pp. 126-127) ajuda a evitar a prisão de ventre.

Corpo

O Elemento Metal está associado aos pêlos do corpo e ao nariz. A pele também respira e revela muita coisa sobre o estado desse elemento nas pessoas.

Clima

O clima seco tem efeito nocivo sobre o Elemento Metal. Os pulmões precisam de um percentual razoável de umidade no ar. As tosses e outros problemas respiratórios podem ser decorrentes da falta de umidade, quando o ar torna-se excessivamente seco.

Exercício de respiração diafragmática e visualização

1 Estire-se num colchonete no solo. Vista roupas folgadas, principalmente na cintura e no peito (mulheres: abram o sutiã), e mantenha a coluna reta e a nuca alongada. Deixe as mãos repousarem sobre o abdômen, com os dedos médios tocando-se levemente. Solte a mandíbula. Sinta o rosto descontrair-se, como se fosse cera derretendo.

2 Concentre-se na respiração. Enchendo os pulmões, inspire profunda e lentamente (como se estivesse colocando água numa garrafa) e sinta o abdômen expandir-se enquanto o diafragma desce. Em seguida, expire lentamente, sentindo o diafragma subir, relaxando-se, em direção ao coração, e a barriga esvaziar-se. Enquanto respira, pense no diafragma.

3 Continue respirando profundamente. Conte até seis quando inspirar, segure por mais seis, expire contando até seis. (Ajuste o número conforme melhor lhe convier, se achar que seis é tempo demais.)

4 Mantenha a respiração nesse ritmo estável por 5-10 minutos, até sentir-se bem relaxado.

5 Então, respirando normal e silenciosamente sem contar, sinta seu corpo ficar leve, como se estivesse flutuando numa nuvem.

6 Imagine-se envolto por uma luz branca que vai se tornando mais forte a cada vez que você inspira.

7 Imagine-se respirando essa luz, de modo que ela o envolva e penetre em cada célula do seu corpo, curando-o e saciando-o.

8 Agora imagine que essa luz emana de você, integrando-o ao universo, e desfrute dessa sensação.

9 Quando estiver pronto para voltar, concentre-se novamente na respiração.

10 Concentre-se no seu corpo e faça pequenos movimentos com os dedos dos pés e das mãos. Dobre os joelhos e balance o corpo suavemente de um lado para o outro. Quando estiver pronto para se sentar, role para o lado direito e levante-se apoiando-se nos braços.

Como cultivar o Elemento Metal

em especial no caso do tipo Quatro do Eneagrama (e certas pessoas dos tipos Cinco e Um)

- Levante-se antes das 7 horas da manhã para tornar a eliminação mais fácil.
- Pratique exercícios respiratórios (veja a p. anterior).
- Procure estabelecer contato com o Espírito e reserve um tempo específico para isso.
- Pratique exercícios que o ajudem a abrir o peito e os pulmões, como a corrida e a natação.
- Coma mais — ou menos — alimentos acres, dependendo do estado do Metal em você.
- Se fumar, pare!
- Aprenda a reconhecer e a valorizar as qualidades que são só suas.
- Faça uma boa faxina — em todos os sentidos — no outono.
- A melancia e alguns tipos de melão ajudam a curar a prisão de ventre.
- Descubra como ser "um pai" para si mesmo, se não teve um de verdade na vida.
- Pratique a consideração para consigo mesmo.
- Lembre-se de que as qualidades que mais admira nos outros também são suas.
- Reserve uma área específica da casa que lhe facilite o contato com o Espírito e coloque lá as coisas que tenham um significado especial para você.
- Escute música que levante o ânimo, seja emocional ou espiritualmente.
- O yoga e a meditação são especialmente úteis ao Elemento Metal.
- Familiarize-se com os caminhos dos meridianos do cólon e do pulmão, ilustrados na p. 113.
- Pratique regularmente a postura de yoga recomendada para o tipo Quatro (pp. 132-133).
- Pratique a postura de yoga recomendada para o tipo Um (pp. 126-127) caso precise acelerar a eliminação dos resíduos do corpo.
- Sempre que ouvir um celular tocar, lembre-se de fazer uma inspiração profunda.

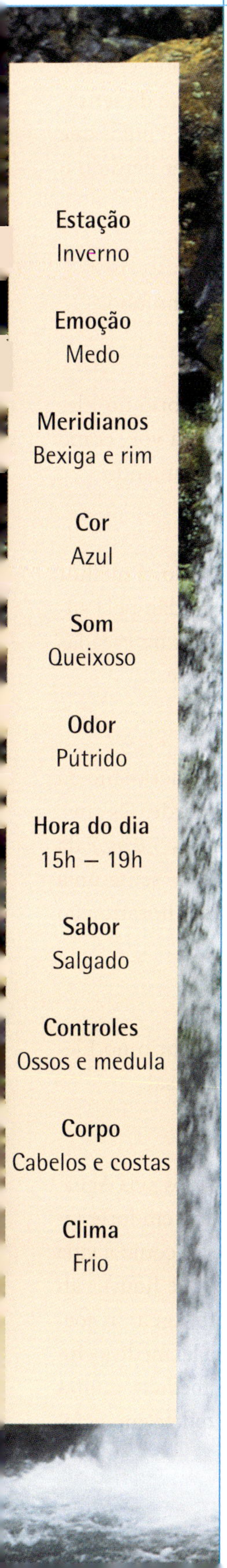

Estação
Inverno

Emoção
Medo

Meridianos
Bexiga e rim

Cor
Azul

Som
Queixoso

Odor
Pútrido

Hora do dia
15h – 19h

Sabor
Salgado

Controles
Ossos e medula

Corpo
Cabelos e costas

Clima
Frio

水

Estação

Hoje, com a chuva caindo após semanas a seco, lembrei-me do Elemento Água, que atinge seu pico de energia no inverno. Podemos queixar-nos da chuva, principalmente quando ela é constante, mas basta vermos os habitantes dos secos países da África celebrarem sua chegada para reconhecermos a sua importância na nossa vida.

Os chineses dizem que no inverno deveríamos ficar em casa, "como um velho frasco de conserva no porão". Essa é a estação em que deveríamos recuperar as energias ficando mais tranqüilos, imóveis e silenciosos, enrolando-nos em mantas quentes e dormindo bastante à noite. Embora seja perfeito acordar às 5 da manhã no verão, quando nos sentimos cheios de energia, o ideal seria não nos levantarmos antes do alvorecer no inverno. Os estilos de vida modernos muitas vezes não permitem isso, e nosso corpo paga o preço com a exaustão. Entretanto, precisamos fazer o possível para tornar o inverno um período de restabelecimento para que possamos encher nossos reservatórios para o crescimento no verão. Nossas sementes precisam repousar, aconchegadas sob o solo.

Emoção

A emoção controlada pelo Elemento Água é o medo. Quando damos ao nosso Elemento Água o devido cuidado, somos capazes de expressar o medo de maneira adequada. Quando não lhe damos o repouso que ele necessita, o medo nos foge ao controle. Todos conhecemos pessoas cuja primeira reação a qualquer coisa é sempre receosa, cheia de dúvidas, e provavelmente conhecemos também aquelas que são destemidas a ponto de beirar a temeridade. Ambas as reações indicam um desequilíbrio no Elemento Água. Os três tipos do Eneagrama que estão relacionados ao medo — Cinco, Seis e Sete — quase sempre sofrem de algum desequilíbrio neste elemento.

Meridianos – bexiga e rins

A China é famosa pelo controle da água. Lá se dá muita importância aos projetos de irrigação: barragens, irrigação e retenção da água nas plantações de arroz, controle de lagos e rios. Os meridianos da bexiga e do rim são os nossos "secretários de re-

Meridianos (só um lado é mostrado)

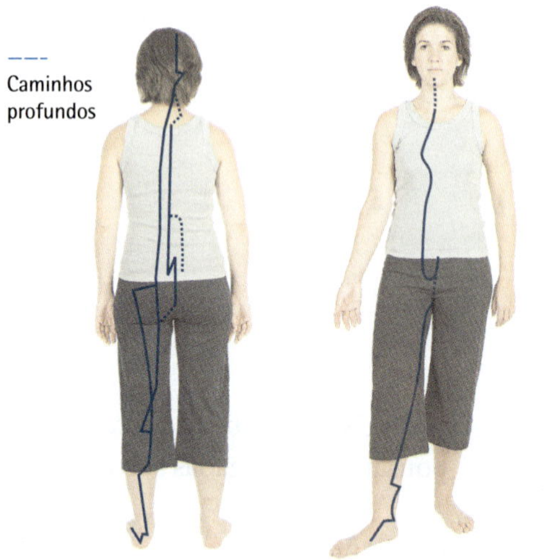

Bexiga (começa no canto do olho)

Rins (começa na curva do pé)

cursos hídricos": eles são responsáveis por garantir que os 80% de água de que somos feitos sejam adequadamente distribuídos. Esses meridianos controlam as funções glandulares, o fluido sinovial das articulações e os processos constantes de purificação da urina e do suor.

Dentre todos os elementos, a água é o que mais se transforma. Pense em todas as formas que ela pode assumir: vapor, gelo, gotas, oceanos, rios, nuvens. Sua força pode derrubar uma montanha ou criar o Grand Canyon. Ela é um elemento de extrema influência sobre a terra. A água faz do nosso planeta um objeto de êxtase quando visto do espaço sideral — e sem ela, nenhum de nós sobreviveria. As pessoas do Elemento Água às vezes possuem força igual, mas se os meridianos da bexiga e do rim não forem devidamente cuidados e não contarem com o repouso necessário, o corpo pagará o preço com a exaustão e o medo excessivo. Os ossos e glândulas sofrem, e os problemas mais comuns são as dores nas costas e a fraqueza nos joelhos. Uma das formas de fazer as pessoas darem atenção ao meridiano do rim é contar-lhes que ele é o responsável pela energia sexual.

Todos sabemos que o café e o chá são diuréticos — é como se não bebêssemos. O café é diurético porque irrita os rins, além de ser tóxico para o fígado. É de admirar, então, que haja tanta gente reclamando de ter perdido o interesse pelo sexo?

Cor

Manifesta-se como azul ou azul-chumbo.

Som

Uma indicação clara de desequilíbrio no Elemento Água é o tom de queixa na voz, como se a pessoa que fala estivesse reclamando.

Odor

O odor do Elemento Água é pútrido. A melhor forma de saber como ele é (e perdão pela sugestão) é cheirar um desses becos ou escadas que os bêbados usam como toalete.

Hora do dia

O horário do pico de energia do meridiano da bexiga fica entre as 3 e as 5 da tarde. Os rins, por sua vez, têm seu pico entre as 5 e as 7 da noite — hora em que muita gente sente uma queda na energia. Trabalhar nesse horário não é muito benéfico para os rins.

Sabor

As pessoas que têm um desequilíbrio no Elemento Água adoram ou detestam sal.

Controles

Os ossos e a medula são controlados pela Água. Portanto, nossa própria estrutura tem forte relação com este elemento. Observe como a vida vivida com medo afeta o corpo. Se houver algum problema com o Elemento Água, os joelhos se enfraquecem e, como na lei médica chinesa, o cérebro é considerado medula, muitas vezes esse tipo de problema se reflete em raciocínio confuso quando há males da bexiga ou dos rins entre os idosos.

Corpo

Pode-se deduzir muito do estado do Elemento Água por meio do exame das costas — da postura — das pessoas. Como este elemento controla os ossos, a coluna costuma ser afetada. O meridiano da bexiga, que é o mais longo do corpo, desce pela parte de trás de cada lado da coluna, do canto do olho, passando pelo alto da cabeça, até a parte de trás do dedinho do pé. Observe seu trajeto na figura ao lado.

O rim rege os cabelos. Na China, só os muito idosos se permitem ficar grisalhos, que é como carregar um cartaz que diz: "Vejam quanto sexo já tive na vida!" É comum as pessoas de ambos os sexos perderem cabelo quando têm problemas nos rins. A cabeleira cheia geralmente indica rins fortes.

O Elemento Água se associa também aos ouvidos e à audição. Lembra-se da surdez a que está propenso o tipo Seis quando entra em pânico?

Clima

Foi Oscar Wilde quem disse que não existe mau tempo, mas sim vestuário inadequado? Nossas mães tinham razão, de fato precisamos agasalhar-nos bem no frio! A princípio, poderíamos pensar que isso é óbvio, mas a vida moderna mais uma vez interfere. Com o ar condicionado das lojas gelado como um *freezer* no verão, não é só no inverno que devemos ficar atentos.

A atual moda da barriga de fora em qualquer época do ano vai trazer problemas no futuro. O primeiro paciente que tive era um motorista de caminhão que tinha artrite no cotovelo. Não demoramos muito a descobrir que a causa do problema era seu hábito de dirigir com o cotovelo para fora da janela do caminhão. Um osteopata certa vez me disse que é possível radiografar qualquer pessoa acima de 30 anos e detectar indícios de artrite, o que pode explicar por que ela é um diagnóstico tão comum, embora não se deva necessariamente aceitá-lo sem restrições. Meu paciente fez algumas mudanças e nunca mais teve problemas.

LEMBRE-SE

Se a região em torno dos seus olhos e da boca for azulada, se sua voz soar como uma queixa, se seu odor for pútrido e se você tiver problemas que giram em torno do medo, você tem um desequilíbrio no Elemento Água.

Visualização

1 Sente-se numa posição confortável, com a coluna reta. Se for numa cadeira, não cruze as pernas e assegure-se de que os pés estão em repouso no chão. Se quiser ficar de pernas cruzadas, sente-se numa almofada ou bloco de espuma para que seus joelhos fiquem mais relaxados e bem posicionados no chão. O ideal é uma almofada própria para a meditação, o "zafu", pois ela permite que você se sente bem na ponta da frente, fazendo os joelhos baixarem, além de ajudar a manter a coluna na posição correta (veja as ilustrações da p. 151).

2 Imagine-se numa praia, à luz dourada e quente do pôr-do-sol. Você está à beira da água, com as costas apoiadas numa grande rocha.

3 Observe como as ondas têm um instante de pausa ao fim de cada movimento de ida e vinda.

4 Agora respire sincronizando o ritmo conforme o das ondas. Inspire,

expire e pause contando alguns segundos (você mesmo deve determinar quantos). Mantenha esse ritmo por alguns minutos.

5 Agora esqueça a contagem e concentre-se apenas no ritmo natural da sua respiração.

6 Sinta a força da rocha que está às suas costas, imóvel apesar dos golpes milenares da água.

7 Pense na vida animal e vegetal que depende dessa rocha; na fluidez da água que a circunda.

8 Torne-se essa rocha sólida e procure sentir esses atributos.

9 Quando sentir-se forte o suficiente, concentre-se novamente na respiração, escute os sons a seu redor, faça pequenos movimentos com os dedos dos pés e das mãos e, por fim, abra os olhos lentamente.

Como cultivar o Elemento Água

em especial no caso dos tipos Cinco, Seis e Sete do Eneagrama

- Durma e descanse o suficiente no inverno.
- Procure evitar o excesso de trabalho. Se possível, pare de trabalhar às 5 horas da tarde.
- Mantenha os rins bem agasalhados no frio e evite as correntes de ar.
- Beba água suficiente — pelo menos 1,5 litro por dia.
- Reduza o consumo de chá.
- Pare de tomar café.
- Quando fizer frio, agasalhe bem todo o corpo.
- Um cochilo após o almoço faz bem ao Elemento Água.
- Fique de olho no consumo de sal.
- Se pedalar no inverno, não use *shorts*. Mesmo que sinta calor, você deve manter os joelhos e a área da coluna lombar cobertos.
- Massageie regularmente seus rins com os punhos (eles ficam sob as costelas inferiores, nas suas costas), em ambos os lados da coluna. A massagem deve durar até que você sinta que os rins estão aquecidos.
- Evite sexo em excesso. (Se ficar exausto, é porque se excedeu!)
- No inverno, prefira atividades sociais mais tranqüilas: reuniões em volta da lareira, jantares com os amigos etc.
- Aprenda a reconhecer os sinais da exaustão antes que as doenças cheguem.
- Familiarize-se com os caminhos dos meridianos da bexiga e do rim (p. 118).
- Pratique as posturas de yoga recomendadas para os tipos Cinco, Seis e Sete (pp. 134 a 139) e para o primeiro chakra (pp. 148-151).

CAPÍTULO TRÊS

As posturas

Viver só na mente
é como viver num mundo virtual
Talvez seja sua realidade pessoal,
mas essa realidade pessoal
ainda é uma ilusão.

Roy Whenary, *The Texture of Being*

Introdução às posturas

Provavelmente você não encontrará algumas das informações sobre as posturas de yoga contidas neste capítulo em nenhum outro lugar. Entretanto, sempre é melhor aprender yoga sob a orientação de um mestre devidamente credenciado. Caso não possa fazer isso e esteja aprendendo as posturas por meio deste livro, peça a um amigo que leia as instruções para você e observe-o segui-las para ter certeza de que as está executando corretamente. Qualquer boa aula de yoga incluirá as posturas apresentadas neste livro ou outras bastante semelhantes. Quando praticar a postura recomendada para seu tipo, procure repetir em silêncio a afirmação e visualizar todos os benefícios descritos.

Selecionei as posturas que são benéficas para cada tipo, mas isso não quer dizer que elas sirvam *apenas* para os tipos indicados. Os yogues dizem que você tem a idade da sua coluna e, para que ela atinja a máxima flexibilidade, a prática deve conter uma postura que a flexione para a frente, para trás, para os lados e, além disso, a faça girar. Para uma prática balanceada, você pode adotar as posturas recomendadas para qualquer tipo, mas dê prioridade à postura recomendada para o seu e pratique-a regularmente.

Aqueça-se antes de começar. Flexibilize todas as articulações, começando dos dedos do pé para cima, e procure facilitar a circulação. Não se preocupe com "estalos" e outros ruídos; isso ocorre quando o fluido das articulações começa a tornar-se mais viscoso. Verifique com seu médico se você tem algum problema de saúde que possa afetar sua prática de yoga. E nunca coloque a cabeça em posição mais baixa que o coração numa postura se tiver pressão alta.

Lembre-se de contrabalançar as posturas que movem a coluna numa só direção (verifique a postura para o tipo Cinco, pp. 134-135, que promove o arqueamento das costas e é contrabalançada pela postura que alonga a coluna para a frente).

Se você nunca praticou yoga nem é especialmente ágil ou flexível, não se preocupe. Nossa modelo não era especialista, e você também não precisa ser. Basta seguir as instruções com atenção e fazer o melhor que puder.

O yoga é uma ciência. Ele atua tanto sobre a musculatura quanto sobre os órgãos internos. As pessoas sempre perguntam: "Por que é que o yoga nos obriga a fazer flexões em todas essas posições estranhas?" A resposta é que, além da flexibilidade promovida por todo esse alongamento, os órgãos internos também se exercitam. Primeiro eles se comprimem e depois, quando são liberados, recebem um fluxo de sangue recém-oxigenado.

Por mais que tente, jamais conseguirei enfatizar o bastante a importância da respiração correta durante a realização das posturas. Logo que você começa, pode ser difícil, mas eu não quero que se preocupe com isso. Faça uma inspiração extra sempre que precisar. Com o tempo, a respiração correta se torna automática. É natural inspirar profundamente nos movimentos de abertura, quando os braços se elevam, por exemplo, e expirar nos movimentos que se fecham ou dobram. A respiração segue basicamente essa regra. Portanto, se tiver alguma dúvida, siga-a.

Os maiores benefícios vêm com a prática regular do yoga. Ela exige um certo grau de dedicação, mas não se esqueça de que, quanto mais se dedicar, mais se beneficiará. Encontre um lugar em que fique relaxado, à vontade, devidamente aquecido e longe de interferências. Escolha um horário que não atrapalhe a sua digestão — aguarde duas horas após uma refeição leve ou, no mínimo, quatro se a refeição for mais pesada. Essa prática deve ser para você um deleite, um presente que você se dá para desfrutar de boa saúde física e emocional!

Saudação ao sol (consulte as pp. 142-143)

trikonasana o triângulo

A postura do Triângulo é perfeita para as pessoas do tipo Um. Ela promove não só um excelente alongamento dos meridianos da vesícula biliar e do fígado (que controlam a raiva), mas também a flexibilidade da coluna — e a mente tende a acompanhá-la. Além disso, ela promove uma forte compressão do cólon, auxiliando a eliminação e ajudando-nos a nos livrar dos ressentimentos. Portanto, trata-se de uma postura benéfica não apenas para o tipo Um, mas para qualquer pessoa que tenha dificuldade de lidar com a raiva e o ressentimento e queira flexibilizar a mente e o corpo.

Instruções e afirmação

Repita para si mesmo enquanto mantém a postura:
Libero a tensão no meu corpo e na minha mente. Estou aberto a todas as possibilidades.

1 Fique de pé com as pernas separadas o suficiente para alongá-las sem dor nem distensões. Os pés devem apontar para a frente, e os calcanhares devem ficar alinhados. O objetivo é formar um triângulo equilátero, ou seja: o espaço entre suas pernas deve, a longo prazo, ser igual ao comprimento de cada uma delas.

2 Inspire virando ambos os pés para a direita, mas deixe os quadris bem voltados para a frente (como numa figura de um afresco egípcio). Expire.

3 Mantendo os pés e os quadris na mesma posição, inspire elevando os braços lateralmente até a altura dos ombros, com as palmas da mão viradas para o chão.

4 Expire dobrando o tronco para a direita a partir da cintura, alongando o braço direito até tocar a perna. O braço esquerdo vai para cima, alinhado com os ombros, e a palma da mão deve ficar virada para a frente. Olhe para a mão esquerda se puder fazê-lo sem sentir dor. Respire silenciosamente enquanto mantiver a postura.

5 Quando estiver pronto para retornar à posição inicial, inspire; expire quando começar a baixar os braços. Repita três vezes na mesma direção. Solte as pernas; balance-as um pouco. Repita três vezes com o lado esquerdo.

BENEFÍCIOS

- Promove um bom alongamento do tórax e das pernas, melhorando a flexibilidade e liberando bloqueios nos meridianos da vesícula biliar e do fígado.
- Esta é uma das poucas posturas que promovem a flexibilização lateral da coluna.
- A forte compressão do abdômen ajuda a eliminação e pode curar a prisão de ventre.
- Abre os quadris.
- Aumenta a resistência.
- Promove a flexibilização mental.
- Afina a cintura.

PRECAUÇÕES

- Embora a postura possa curar a dor ciática (quando o nervo é lesionado pela coluna), nesse caso você só deve alongar o lado afetado, pois contraí-lo vai piorar o problema.
- É muito importante manter os quadris totalmente virados para a frente; caso contrário, a postura se tornará uma flexão frontal, em vez de lateral, e você deixará de fazer o alongamento dos meridianos da vesícula biliar e do fígado e o alongamento lateral das vértebras da coluna.
- Você será tentado a baixar demais o braço que desce — e isso empurra o quadril esquerdo para a frente e o transforma numa flexão frontal. Baixe o braço apenas o suficiente — enquanto não sentir dor — e mantenha os quadris inteiramente voltados para a frente.
- É importante começar sempre pelo lado direito, comprimindo primeiro o lado direito do cólon para auxiliar a eliminação.

yoga mudra símbolo do yoga

O Yoga Mudra, com seu forte alongamento dos braços e dos ombros, libera bloqueios nos meridianos do Elemento Fogo: coração, intestino delgado, triplo aquecedor e pericárdio, muitas vezes implicados no comportamento do tipo Dois. Além disso, com a flexão para a frente, ele promove a compressão do estômago e do baço, trabalhando assim o Elemento Terra, que também é importante para muitas pessoas do tipo Dois.

Instruções e afirmação

Repita para si mesmo enquanto mantém a postura:
Eu nutro meu próprio crescimento. Sou grato por tudo aquilo que os outros me dão.

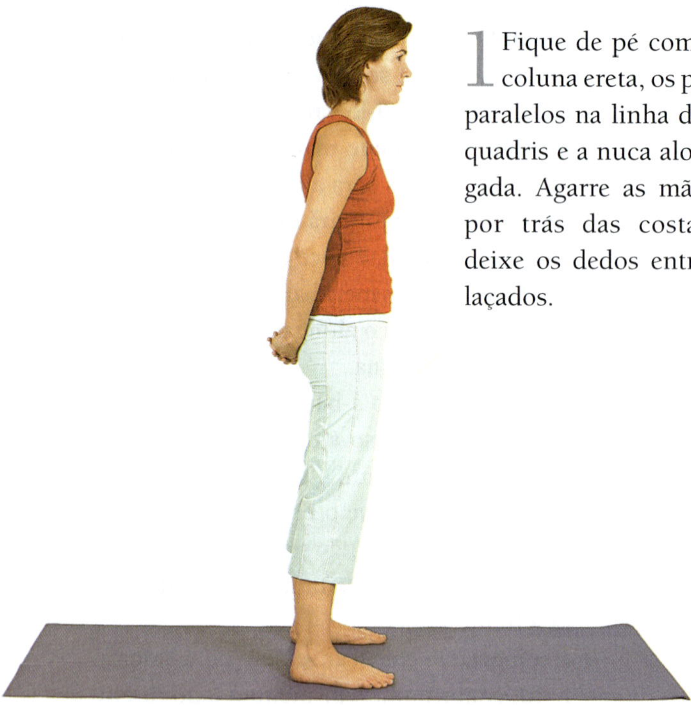

1 Fique de pé com a coluna ereta, os pés paralelos na linha dos quadris e a nuca alongada. Agarre as mãos por trás das costas; deixe os dedos entrelaçados.

2 Inspire levando as mãos para baixo, em direção às coxas, sentindo o peito se abrir totalmente e as escápulas se juntarem. Levante a cabeça e olhe para o teto.

3 Expire flexionando o tronco a partir dos quadris, elevando os braços em direção à cabeça e sentindo os ombros e os braços se alongarem bastante. Baixe a cabeça em direção aos joelhos o mais que puder, mantendo-a alinhada à coluna, com os braços o mais alto possível, mas sem forçar para não arriscar-se a distensões. Mantenha a posição por alguns instantes.

4 Quando estiver pronto, retorne inspirando à posição inicial, solte as mãos e balance os braços. Fique de pé, imóvel, sentindo o quanto se alongou e o quanto seus braços e ombros estão aquecidos.

BENEFÍCIOS

- Promove um bom alongamento dos meridianos do coração, intestino delgado, triplo aquecedor e pericárdio, liberando bloqueios.
- Melhora a postura e alivia as dores nas costas.
- Comprime o estômago e o baço, além de outros órgãos abdominais, melhorando sua circulação.
- Melhora a circulação dos ombros.
- Aumenta a flexibilidade dos ombros, braços e coluna.
- Alonga o peito, os tendões das pernas e as panturrilhas.

PRECAUÇÕES

- Se tiver pressão alta, não coloque a cabeça em posição mais baixa que o coração na flexão frontal.
- Nunca force a cabeça para trás a ponto de sentir desconforto.
- Faça a flexão frontal com os joelhos levemente dobrados se tiver problemas de coluna.

tadasana a montanha

Com sua imobilidade, esta postura é apropriada para as pessoas do tipo Três, que geralmente já são ativas demais. Seu desafio consiste em parar e prestar atenção. Embora eu já imagine o quanto essas pessoas vão reclamar ao saber que essa é a postura recomendada para elas, sua prática lhes trará muitos benefícios. Além disso, ela trabalha muito os braços e abre o tórax, atuando sobre o Elemento Fogo, e atua em especial sobre o meridiano do coração, que tantas vezes é motivo de preocupação para as pessoas do tipo Três.

Instruções e afirmação

Repita para si mesmo enquanto mantém a postura:
Estou em equilíbrio. Recebo de braços abertos a imobilidade e a quietude.

1 Fique em posição ereta, mantendo entre os pés a mesma distância existente entre os quadris. Os pés devem ficar paralelos, os joelhos, ligeiramente contraídos e o cóccix, encaixado de modo que a coluna fique reta. Imagine que a cabeça está sendo puxada para cima por um cordão preso a um gancho no teto, um pouco atrás da cabeça. O objetivo é empurrar o queixo um pouquinho para a frente, permitindo assim que a nuca se alongue. Mantenha os ombros para baixo e alinhados.

2 Inspire colocando as mãos diante do peito em posição de oração, mantendo os cotovelos abertos. Olhe em frente, expire e inspire algumas vezes, procurando sentir a perenidade da montanha e da imobilidade. (Se quiser, passe desta etapa para a etapa 4.)

3 Inspire elevando os braços acima da cabeça e mantenha-os nessa posição, com os ombros para baixo e as palmas da mão voltadas uma para a outra, durante mais algumas seqüências de inspiração-expiração. (Se preferir, mantenha os braços em posição de oração.) Continue olhando fixamente para a frente, consciente tanto de sua ligação com a terra quanto de seu alongamento em direção aos céus, forte e imóvel como uma montanha.

4 Enquanto expira, baixe os braços ao longo do corpo. Respire em silêncio por alguns instantes, sentindo a energia da "montanha".

BENEFÍCIOS

Enquanto mantém esta postura, visualize uma montanha: sinta a imobilidade, a força e a perenidade. Conscientize-se da firmeza com que os pés se cravam no chão e a cabeça e/ou os braços se voltam para os céus. Na forma mais simples, os braços ficam retos ao longo do corpo. Mas a postura fica mais forte e atua mais sobre o corpo quando os braços são colocados para cima durante algumas seqüências de inspiração-expiração.

- Tranqüiliza a mente.
- A postura das mãos em posição de oração (Namasté) abre o coração e promove a compaixão.
- Alinha a coluna e melhora a postura.
- Restabelece a sensação de equilíbrio entre corpo/mente/espírito.

PRECAUÇÕES

- Mantenha a nuca alongada.
- É muito importante manter a coluna reta ao longo de toda a prática, principalmente ao levantar os braços.
- Não se esqueça de respirar — não de maneira forçada, mas em silêncio, enquanto praticar a postura.

TIPO QUATRO a lua cheia

Há uma relação tão estreita entre a lua e nossas emoções, e a visualização própria desta postura é tão bonita, que achei que ela teria um apelo especial para as pessoas do tipo Quatro. Além disso, ela promove um excelente alongamento dos meridianos do cólon e do pulmão, trabalhando sobre o Elemento Metal, que — segundo tenho observado — está quase sempre associado ao tipo Quatro.

Instruções e afirmação

Repita para si mesmo enquanto mantém a postura:
Sou constante e completo como a lua cheia. Nada me falta.

1 Deite-se num colchonete sobre o lado esquerdo do corpo. O joelho da perna que está por cima deve ficar dobrado, enquanto a perna que está por baixo deve ficar esticada. Estique os braços para a frente, na altura do ombro, mantendo juntas as palmas das mãos. Apóie a cabeça no chão.

BENEFÍCIOS

- Promove um bom alongamento dos meridianos do cólon e do pulmão, liberando os bloqueios.
- Expande os pulmões e aumenta sua capacidade.
- É uma das melhores posturas que existem para a rotação da coluna.
- Acalma as emoções e levanta o ânimo.
- Afina a cintura.
- Aumenta bastante a flexibilidade dos ombros, coluna e pescoço.
- Exercita os músculos dos olhos.

PRECAUÇÕES

- O pescoço talvez fique mais bem acomodado se você colocar sob ele uma camiseta dobrada ou uma pequena almofada.
- Não force o braço que se movimenta em direção ao chão. É melhor que isso ocorra naturalmente, com o tempo, à medida que o ombro se tornar mais flexível.
- É muito importante seguir o movimento com os olhos, para que eles também se beneficiem.
- Não deixe que o ombro "estático" se levante do chão.

2 Inspire lentamente enquanto descreve um círculo: trace um arco sobre a cabeça com os dedos da mão direita. Deixe a mão esquerda onde estava para manter o equilíbrio. Ao descrever o arco sobre sua cabeça, acompanhe a mão direita com o olhar, a fim de girar o pescoço. Imagine-se traçando um círculo em torno de uma lua cheia e brilhante. (Em determinado momento, geralmente quando a mão passa por cima da cabeça, é preciso levantá-la. Não se preocupe; com o tempo, sua flexibilidade aumentará.)

3 Quando a mão prosseguir na trajetória, passando por cima do quadril, você deve expirar naturalmente e perder a mão de vista. Basta deixá-la completar o círculo, passando lentamente por cima do quadril, para retornar à posição inicial. Repita três vezes, mantendo a imagem de uma lua resplandecente.

TIPO CINCO **setu bandhasana** a ponte

A Ponte, conhecida também como Arqueamento dos Ombros e Fortalecedor das Costas, é uma excelente postura para trabalhar o Elemento Água, responsável pelo equilíbrio da expressão do medo, principalmente quando contraposta ao Ejetor de Gás, como aqui. Trata-se de uma postura que promove uma forte compressão dos rins. Como o meridiano do rim influi muito sobre os nossos níveis de energia (veja o Capítulo Dois), essa postura é extremamente benéfica para as pessoas do tipo Cinco, caracterizado por ser um dos tipos do Medo e ter baixos níveis de energia. Além disso, ela ajuda os representantes desse tipo que possuírem algum desequilíbrio no Elemento Metal (problemas de auto-estima e dinheiro), pois abre os pulmões e o centro emocional (veja o Capítulo Quatro).

Instruções e afirmação

Repita para si mesmo enquanto mantém a postura:
Abro meu coração para as pessoas e recebo minhas emoções de braços abertos.

1 Deite-se no chão num colchonete antiderrapante (com os pés descalços é mais seguro). Dobre os joelhos e mantenha entre os pés a mesma distância que há entre os quadris. Deixe entre os pés e a parte de trás dos quadris um espaço de mais ou menos 30 cm. Alongue a nuca, mantendo o queixo ligeiramente para dentro. Mantenha os braços ao longo do corpo, com as palmas das mãos voltadas para baixo.

BENEFÍCIOS

- Trabalha os meridianos do rim e da bexiga, equilibrando o medo e o Elemento Água.
- Purifica os rins e a tireóide.
- Equilibra o sistema hormonal.
- Melhora imensamente a flexibilidade e a força da coluna.
- Melhora a flexibilidade dos ombros quando os braços também são usados.
- Aumenta a força das pernas.
- Tonifica as pernas e os glúteos.
- Atua sobre o Elemento Metal, promovendo a abertura do tórax.
- Alivia as tensões acumuladas no pescoço.
- Libera as emoções.

PRECAUÇÕES

- É muito importante não deixar os pés escorregarem no colchonete. Mantendo-os perto dos glúteos, será mais fácil evitar que isso aconteça.
- Se estiver mantendo a postura, continue respirando em silêncio, de maneira uniforme.
- Faça um aquecimento das costas antes de iniciar a seqüência: balance-se levemente de um lado para outro, movendo também a pélvis.

2 Inspire elevando a pélvis, comprimindo a curva natural da coluna contra o colchonete. Comece a "desenrolar" a coluna do chão, vértebra por vértebra, a partir do cóccix, até que a pélvis seja empurrada para fora do colchonete e o queixo empurre o peito. A respiração deve acompanhar o movimento. (Você pode tornar a postura ainda mais forte e trabalhar ainda mais o Elemento Metal elevando os braços e colocando-os no chão, acima da cabeça, ao suspender a pélvis. Procure sincronizar a chegada dos braços ao chão com o alongamento total da coluna. Os braços terão de ser elevados mais depressa que as costas.) Respire em silêncio enquanto mantém a postura.

3 Quando estiver pronto para retornar ao chão, inspire e expire ao começar a baixar lentamente a coluna (e os braços, caso os tenha levantado) até o colchonete. Parta do pescoço e prossiga até o cóccix, vértebra por vértebra, como se estivesse colando um papel na parede e não quisesse deixar formar nenhuma bolha de ar. Mais uma vez, o movimento deve estar em sincronia com a respiração.

4 Repita a postura três vezes e, em seguida, compense enrolando a coluna no sentido oposto: inspirando, segure as pernas e aproxime os joelhos do peito; expirando, aproxime a testa dos joelhos. Relaxe inspirando e repita três vezes. Alongue-se e relaxe.

virabhadrasana a seqüência do guerreiro

A Seqüência do Guerreiro inspira coragem. Ela pode ser usada por todos aqueles que estiverem enfrentando situações que inspiram medo, como entrevistas e provas, mas sua prática regular é especialmente benéfica para o tipo Seis, o tipo que está mais relacionado ao medo. Assim como o movimento das costas na flexão frontal, ela promove um excelente alongamento das pernas e das costas, trabalhando os meridianos da bexiga e do rim e fortalecendo o Elemento Água. Porém, o mais importante de tudo é que, se for praticada com as afirmações indicadas para cada etapa, a postura gera a sensação de que você é forte o bastante para conquistar o mundo!

Instruções e afirmação (PARA CADA POSTURA)

1 Fique de pé com as pernas separadas. O ideal é formar um triângulo equilátero, mantendo entre os pés um espaço igual ao comprimento das pernas. Os quadris, assim como os pés, devem estar voltados para a frente. Inspire levantando os braços até as palmas das mãos se tocarem por cima da cabeça, sempre mantendo os ombros abaixados. Repita em silêncio a seguinte afirmação:
Desperta-te, grande Guerreiro; com a espada da sabedoria, matarei o medo que nasce da ignorância.

2 Mantendo os braços levantados, vire os pés e os quadris para a direita, expire e repita:
Enfrentarei o meu medo.

3 Dobre o joelho direito até que ele fique alinhado com o tornozelo e inspire baixando os braços até a altura dos ombros, olhando para a frente, na mesma direção para a qual aponta o joelho. Sinta sua força ao mirar ao longo do braço direito estendido e repita:
Eu me dobrarei e deixarei que meu medo passe através de mim.

4 Dobre o tronco, deixando relaxar as costas e os braços. Enquanto mantém a postura, dobrando o corpo sobre a perna direita (que deve estar flexionada), expire e repita:
Relaxarei e deixarei que meu medo flua sobre mim.

5 Estique a perna direita, voltando assim à posição 2. Inspire e repita:
E então me levantarei e abrirei o olho da mente, e onde estava meu medo não haverá nada.

BENEFÍCIOS

- Estimula bastante a coragem.
- Atua muito sobre os meridianos do rim e da bexiga, além do Elemento Água.
- Fortalece pernas, tornozelos e braços.
- Tonifica braços e pernas.
- Melhora o equilíbrio e a concentração.
- Aumenta a flexibilidade de pernas, tornozelos, braços e costas.

PRECAUÇÕES

- É muito importante não deixar os pés escorregarem no colchonete. Procure usar um colchonete antiderrapante próprio para a prática de yoga.
- O grau de abertura das pernas deve ser ditado pelo conforto: não exceda seus limites.
- Quando dobrar a perna, mantenha o joelho no ângulo certo para proteger a articulação.
- Se tiver pressão alta, não coloque a cabeça em posição mais baixa que o coração.

6 Retorne à posição inicial, colocando os pés voltados para a frente. Expirando, baixe os braços até a altura dos ombros e repita:
Só eu permanecerei, e sou a eternidade observando a si mesma num espelho.

TIPO SETE

vrikshasana a árvore

No movimentado mundo das pessoas do tipo Sete, é preciso encontrar estabilidade e constância por meio da prática de uma postura que promova o equilíbrio. Escolhi a postura da Árvore porque, para essas pessoas, ela tem a vantagem extra de alongar bastante o meridiano do rim, que controla o medo. A vrikshasana promove uma sensação de centragem.

Instruções e afirmação

Repita para si mesmo enquanto mantém a postura:
Sou estável e constante. Reconheço meus medos.

1 Fique de pé, com o corpo alongado, e concentre o olhar num ponto fixo. Transfira o peso do corpo para o pé esquerdo e dobre o joelho direito. Com as mãos, procure colocar o pé o mais perto possível da virilha. (Não se preocupe se não o conseguir — o yoga não é uma competição. Pode começar por onde puder, até mesmo com o dedo do pé quase tocando o chão e, com o tempo, ir colocando o pé cada vez mais alto.) Coloque as mãos em posição de oração e respire silenciosamente.

BENEFÍCIOS

- Atua sobre o meridiano do rim e, portanto, sobre o Elemento Água e sobre o medo.
- Alonga a coluna.
- Promove o equilíbrio e aumenta a concentração.
- Equilibra corpo/mente/espírito.
- Fortalece as pernas e os braços.
- Aumenta a flexibilidade das articulações dos quadris, dos joelhos e da parte interna das coxas.
- Fortalece as articulações dos quadris, os joelhos e os tornozelos.

PRECAUÇÕES

- Para não perder a estabilidade, só pratique esta postura sobre um piso perfeitamente nivelado.
- É muito importante deixar os pés descalços.
- Não procure "compensar" jogando o quadril oposto para a frente, a fim de não perder o equilíbrio. Mantenha a perna de apoio reta, como se estivesse presa a uma linha que passa pelo meio do seu corpo.

2 Quando tiver atingido estabilidade e equilíbrio, inspire levantando os braços por cima da cabeça até as mãos voltarem a se juntar em posição de oração. Respire em ritmo constante enquanto mantém a postura. (Se preferir, deixe os braços alinhados com os ombros ou abra-os formando um V por cima da cabeça. Faça como for melhor para você.) Continue mantendo a postura enquanto não sentir nenhum incômodo. Porém, se começar a oscilar, saia da postura antes de cair. Repita com a perna direita.

TIPO OITO **uttanasana** flexão frontal de pé

As pessoas do tipo Oito tendem a enfrentar o mundo com a barriga. Com o tempo, isso provoca uma contração da coluna lombar e um relaxamento dos músculos abdominais. A Flexão Frontal de Pé corrige essa postura e promove um bom alongamento das pernas, estimulando assim os meridianos do fígado e da vesícula biliar. O movimento adicional de segurar os dedos dos pés e abrir o peito é especialmente benéfico para esses órgãos. De uma forma geral, um bom trabalho sobre o Elemento Madeira ajuda as pessoas do tipo Oito a diluírem a raiva — e a todos nós, a lhe darmos uma expressão adequada.

Instruções e afirmação

Repita para si mesmo enquanto mantém a postura: *Relaxo e me abro para meu lado mais suave. Abro meu coração para receber o amor das pessoas.*

1 Fique de pé, com o corpo alongado e os pés alinhados com os quadris. Inspirando, levante os braços pela frente para cima da cabeça.

2 Expire dobrando o corpo para a frente a partir dos quadris. Mantenha a cabeça e o pescoço alinhados com a coluna e os braços, com as orelhas. Enquanto prossegue expirando, tente baixar o corpo o máximo que puder, observando seus limites. (Se tiver problemas de coluna, dobre um pouco os joelhos.) Mantenha a flexão frontal enquanto respira normalmente algumas vezes, sempre deixando os braços e o pescoço relaxados.

3 Ponha os dedos das mãos sob os dos pés e, enquanto os puxa, levante ligeiramente a cabeça e procure arquear as costas. Assim, terá um alongamento extra na parte posterior das pernas e também abrirá o peito. Se precisar, dobre os joelhos. Olhe para a frente o máximo que puder sem forçar o pescoço. Mantenha a posição por três seqüências de inspiração-expiração. Relaxe voltando a soltar o corpo para baixo.

4 Saia da postura inspirando e levantando os braços para a frente até alinhá-los com as orelhas. Levante o tronco a partir dos quadris. (Se tiver algum problema nas costas, pode sair da postura com as pernas dobradas, "desenrolando" a coluna a partir da base e mantendo os braços relaxados.) Expire baixando os braços ao longo do corpo. Repita a postura três vezes.

BENEFÍCIOS

- Trabalha os meridianos da vesícula biliar e do fígado ou o Elemento Madeira, ajudando a controlar a raiva.
- Alonga bastante o meridiano da bexiga.
- Torna a coluna mais flexível.
- Corrige a postura, melhorando principalmente as costas "travadas".
- Fortalece os músculos abdominais e achata o estômago.
- Alivia as dores na coluna lombar.
- Melhora a circulação.
- Beneficia o aspecto geral.
- Alonga os tendões das pernas e os músculos das panturrilhas, contraídos principalmente pelo uso de saltos altos.

PRECAUÇÕES

- Se tiver algum problema nas costas, mantenha os joelhos dobrados ao baixar o tronco.
- É muito importante manter as costas retas (pense que está com uma bandeja em cima delas) ao abaixar-se e levantar-se. É bom pedir a um amigo que observe e, se for o caso, corrija sua postura até que você se acostume à sensação das costas "planas".
- Se tiver pressão alta, não coloque a cabeça em posição mais baixa que o coração.
- Cuidado para não inclinar a cabeça para trás mais do que o recomendável quando olhar para a frente ao fazer o alongamento extra.
- Esqueça o alongamento extra se suas costas disserem "Não".

TIPO NOVE **surya namaskar** saudação ao sol

Para as pessoas do tipo Nove, que acham difícil entrar em ação e tantas vezes sofrem de falta de energia, não há seqüência melhor do que a Saudação ao Sol. Ela é incomparável para energizar o corpo inteiro, todos os meridianos, e para gerar uma sensação de força e equilíbrio. Além disso, ela trabalha muito as pernas e o torso, liberando bloqueios nos meridianos da vesícula biliar e do fígado (e, portanto o Elemento Madeira), ajudando as pessoas do tipo Nove a expressarem a raiva e encontrarem um rumo. Assim, esta seqüência deve ser praticada logo de manhã cedo não só pelas pessoas desse tipo, mas também por todos aqueles que se sentirem sem energia nesse momento do dia. Ela pode ser usada também como aquecimento para qualquer das demais posturas.

Instruções e afirmação

Repita para si mesmo enquanto pratica a seqüência:
Estou cheio de energia e pronto para agir. Recebo o dia com entusiasmo.

1 Fique de pé com os pés e as pernas juntos, mãos em posição de oração, cotovelos abertos. Inspire e expire uma vez.

2 Inspire elevando os braços acima da cabeça, arqueando as costas para trás o máximo que puder. Mantenha os braços alinhados com as orelhas, os joelhos firmes e os pés no colchonete.

3 Expirando, dobre o corpo para a frente a partir dos quadris. Coloque as mãos ao lado dos pés, tocando o chão.

4 Inspirando, estique a perna direita para trás o máximo que puder. Ponha o joelho direito no chão e os dedos do pé direito dobrados para baixo. Levante a cabeça e arqueie as costas, fixando o olhar à frente como se fosse um corredor pronto para o início de uma prova.

5 Expire levando o pé esquerdo para trás e colocando-o ao lado do direito, esticando o joelho direito. As pernas e os pés devem ficar juntos e retos; os braços, também esticados; as mãos, sobre o colchonete, formando a posição de apoio de frente ao solo.

6 Expirando, baixe os joelhos sobre o colchonete. Aproxime os glúteos dos calcanhares e "mergulhe" com o peito por cima do colchonete, apoiando-se nos braços. Inspire esticando os braços e alongando a coluna (posição da Naja Elevada). Os braços devem ficar retos, quadris e coxas no chão, cabeça voltada para a frente.

7 Firme os dedos dos pés no chão, expire e empurre os quadris para cima formando a postura do Cão. Empurre os quadris para trás, colocando a cabeça entre os braços e procurando deixar os pés planos.

8 Inspire levando o pé direito para a frente e colocando-o entre as mãos. Assim, você voltará à posição do corredor em início de prova, só que agora dobrando o outro joelho.

9 Leve o pé esquerdo para a frente e junte-o ao direito. Expire esticando as pernas (se possível) e colocando-se na flexão frontal. Coloque as mãos ao lado dos pés (se possível).

10 Inspire e levante-se mantendo as costas retas. Dobre o tronco para trás mais uma vez, colocando os braços acima da cabeça.

11 Volte à posição inicial expirando e com as palmas das mãos juntas em posição de oração à frente do peito. Em seguida, faça a seqüência começando pelo lado oposto e repita alternando ambos os lados pelo menos três vezes.

1 2 3 4 5 6 7 8 9 10 11

BENEFÍCIOS

- Equilibra e ativa todos os meridianos.
- Aumenta a energia.
- Melhora a circulação e revitaliza o corpo inteiro.
- Fortalece a função pulmonar.
- Melhora o tônus muscular do corpo inteiro.
- Tonifica o sistema digestivo.
- Flexibiliza a coluna.
- Promove o equilíbrio hormonal, pois atua sobre as glândulas endócrinas.
- Contribui para regular o ciclo menstrual.
- Alivia o *stress* e a tensão.
- Beneficia e tonifica a pele.
- Corrige a postura.

PRECAUÇÕES

- Se tiver pressão alta e não a controlar, você não deve colocar a cabeça em posição mais baixa que o coração em nenhuma das posturas. Consulte um professor de yoga qualificado para obter sugestão de alternativas.
- Como no caso de todas as posturas de yoga, mas particularmente no caso desta seqüência, jamais pratique de estômago cheio. Aguarde duas horas após uma refeição leve e quatro após uma refeição completa.
- Pelo fato de esta ser uma seqüência tão energizante, é melhor evitá-la perto da hora de deitar-se.

CHAKRA DA COROA
no alto e ligeiramente acima do cocuruto
CHAKRA DA FRONTE
no meio da testa
CHAKRA DA GARGANTA
garganta
CHAKRA DO CORAÇÃO
entre os seios
CHAKRA DO PLEXO SOLAR
dois dedos acima e abaixo do umbigo
CHAKRA DO SACRO
genitais
CHAKRA DA RAIZ
na base da coluna

CAPÍTULO QUATRO

Os chakras

A glória do Divino,

A luz que guia o Espírito,

A infinita sabedoria do universo:

Tudo isso está no corpo.

O corpo é a roupa terrena

Do espírito celestial.

Yogi Amrit Desai

Introdução aos chakras

Empreendemos uma viagem pela mente e pelo corpo através do Eneagrama para chegar ao sistema dos chakras, onde se forja o potencial mais íntimo e profundo de espiritualidade e crescimento pessoal. *Chakra* é uma palavra sânscrita que significa "roda". Neste caso, ela se refere aos sete principais vórtices de energia, que giram e vibram como rodas e estão alinhados ao longo da coluna, no centro do corpo. O primeiro está na ponta do cóccix, e os outros situam-se a intervalos regulares em ordem ascendente ao longo da coluna até chegar ao alto da cabeça. Quando adotamos a postura correta, com a espinha dorsal alinhada, ao sentar ou ficar de pé, liberamos o fluxo de energia entre os chakras por uma coluna central, chamada de Sushumna, e duas correntes independentes e entrelaçadas de energia Yin/Yang ou Sakti/Siva, chamadas de Ida e Pingala, que se enroscam em torno deles como serpentes. Os sete chakras são mensageiros que ligam diferentes níveis de consciência, os quais se superpõem em nós como anteparos em torno de uma lâmpada.

Enquanto os pontos de acupuntura são centros menos importantes onde se pode estimular a energia Chi por meio de agulhas, massagem ou posturas, os sete grandes chakras são as principais concentrações de onde emana o Chi/Prana, projetando-se do núcleo do corpo para fora. Eles são como uma série de portas que contêm as chaves para o nosso desenvolvimento na vida. Embora essas esferas de energia radiante só possam ser vistas claramente pelos clarividentes, todos nós podemos sentir Prana. Esfregue as mãos vigorosamente e estenda-as diante de si, afastadas cerca de 80 cm, com as palmas viradas uma para a outra. Feche os olhos e aproxime as mãos lentamente uma da outra até sentir resistência. Se você se concentrar, vai sentir como se houvesse um balão invisível entre as mãos. Brinque com ela — é sua energia radiante! Ela o envolve completamente e o protege. Continue testando a resistência: você estará sentindo um pouco da energia que se concentra nos chakras.

Até pouco tempo atrás, a sabedoria dos chakras estava vetada aos leigos no Ocidente, talvez porque não seja fácil transmitir em palavras as sutilezas do sistema: o verdadeiro conhecimento só pode ser adquirido pela experiência. Trata-se de um sistema tão intrincado e complexo que as tentativas de pôr a força dos chakras em palavras só pode ter sucesso parcial. Entretanto, a compreensão básica de suas energias sem dúvida ajuda a aprofundar o conhecimento psicoespiritual, não devendo, creio eu, ser negada àqueles que desejam estudar o Eneagrama. Contudo, jamais subestime a força dos chakras e sempre trate respeitosamente o seu conhecimento.

Como se pode ver na ilustração ao lado, o Chakra da Raiz se abre para baixo, enviando energia da ponta da coluna para o centro da terra. Os cinco chakras seguintes projetam a energia para a frente, ao passo que o Chakra da Coroa a projeta para cima, em direção aos céus. É a energia dos chakras, representada como uma serpente enroscada na base da coluna, que é cons-

Vistos de lado, os chakras têm a forma de funis.

> **Se você nunca praticou yoga nem é especialmente ágil ou flexível, não se preocupe. Nossa modelo não era especialista, e você também não precisa ser. Basta seguir as instruções com atenção e fazer o melhor que puder.**

cientemente despertada na prática da kundalini, ou yoga tântrico. (Trata-se de uma prática avançada de yoga que objetiva a iluminação.) Embora sempre seja mais provável que os chakras se abram e os bloqueios se liberem sem esforço consciente, fornecerei uma orientação com relação a cada chakra, relacionando-o ao seu tipo no Eneagrama, para que você possa identificar possíveis pontos fracos e aprender como fortalecê-los.

Acredito que nosso desenvolvimento na vida se processe através dos chakras, a começar pela energia de baixa vibração do Chakra da Raiz, entre o primeiro e o sétimo ano de vida, quando a segurança é nosso maior interesse. Entre os 7 e os 14 anos, segue-se o florescer da criatividade e da energia sexual (muito antes do que a maioria dos pais gostaria de admitir), deflagrado pela energia do segundo chakra, na área dos genitais. Em seguida, desenvolvemos o poder pessoal no mundo exterior (arrumando empregos, construindo uma carreira etc.), quando nos concentramos no Chakra do Plexo Solar.

Diz-se que, a partir daqui, a abertura dos chakras só ocorre de modo espontâneo, e não por esforço consciente. Quando a energia chega ao Chakra do Coração, entramos na fase dos filhos, fase em que damos ao mundo e que dura muitos anos, segundo penso, até atingirmos os cinqüenta anos, quando a energia tende a se concentrar no Chakra da Garganta, que rege a comunicação. É então que muitas pessoas sentem necessidade de expressar-se num nível mais profundo, mais cheio de sentido — algo que tenho observado muitas vezes entre pacientes e amigos, homens e mulheres, à medida que estas se aproximam da menopausa. As intuições crescem quando a energia se concentra no Chakra da Fronte, trazendo a percepção da verdadeira essência, da ligação com a energia universal e divina do cosmo que é vivida no Chakra da Coroa.

A vida inevitavelmente impõe obstáculos a essa progressão natural, criando bloqueios. Imagine o bebê negligenciado e exposto à insegurança ou a criança que é sufocada em sua criatividade ou envenenada pela culpa em sua delicada percepção da sexualidade que começa a manifestar-se: a energia dos dois primeiros chakras poderá não ter a chance de florescer. (Todos os símbolos dos chakras têm pétalas.) A percepção do poder pode sofrer uma grande distorção no jovem que não consegue arrumar um emprego ou estabelecer-se no mundo. (Creio que isso pode explicar em parte a compulsão às brigas entre torcidas rivais nos jogos de futebol e à adesão a gangues e grupos extremistas entre os jovens.) A fase de dedicação à prole pode não se instaurar naturalmente, levando o indivíduo a tirar mais do mundo que a dar. E se a comunicação for abafada, a percepção ridicularizada e a relação com a espiritualidade frustrada? Todos os chakras têm seu valor, que é o mesmo do inferior ao superior. O bloqueio de qualquer um deles de certa forma afetará todos os demais.

Todos os chakras são relevantes para todos os tipos do Eneagrama. Contudo, ao fim de cada descrição, falarei sobre os modos pelos quais, a meu ver, os chakras podem ser afetados pelo comportamento característico de cada tipo.

> **Atenção**
> Você deve encerrar cada sessão de meditação/prática de posturas para abrir os chakras com algo que lhe traga equilíbrio e o proteja antes de voltar ao mundo exterior. Toque o chão ou procure senti-lo por baixo de suas costas. Em seguida, imagine uma bolha de luz clara que o envolve e protege, só permitindo a entrada das vibrações boas.

Muladhara o chakra da raiz

mula = raiz *adhara* = apoio

Localização

Na ponta do cóccix, abrindo-se para baixo em direção ao centro da terra. Para alguns estudiosos, nas mulheres, ele está no colo do útero; nos homens, no períneo.

Finalidade

Este chakra relaciona-se a nossos mais primitivos desejos de segurança, sobrevivência e inclusão na tribo/família. Essa é a nossa base. As necessidades básicas de abrigo e alimento do recém-nascido e da criança precisam ser atendidas para que eles sobrevivam. Além disso, eles precisam ser tocados, tratados com amor. Estudos com filhotes de chimpanzés privados desse tipo de contato mostram que eles não conseguem desenvolver-se e se tornam apáticos e deprimidos.

A energia de Muladhara rege nossa ambição, auto-expressão e reações primitivas aos medos e ameaças da vida. Apesar de associar-se ao corpo físico e vibrar no nível mais baixo, este chakra é a sede da energia adormecida de kundalini, passagem para a polaridade Siva/Sakti, e deve ligar-se ao Chakra da Coroa, Sahasrara, por meio dos demais chakras.

Cor

Este chakra resplandece no tom vermelho vivo, como o núcleo ígneo da terra.

Elemento

Terra: a terra nos alimenta e fornece tudo de que precisamos para crescer.

Sentido

Este chakra rege o sentido do olfato. Ele é ativado pelo cheiro, quando acendemos incenso ou velas perfumadas, por exemplo.

Símbolo

O símbolo deste chakra tem quatro pétalas, um elefante (força e resistência) e representações de Sakti e Siva. Muladhara associa-se também ao touro e ao boi. Este chakra nos relembra nossa natureza animal, instintiva.

Idade

Do nascimento a até cerca de 7 ou 8 anos.

Relações com o corpo

Muladhara rege as pernas, pés e todas as partes sólidas do corpo: coluna, ossos, dentes, unhas. Além disso, rege o ânus, o reto, o cólon e a próstata, o sangue e a regeneração celular.

Glândulas

Supra-renais: a reação de lutar ou fugir é deflagrada no Chakra da Raiz. Os animais muitas vezes defecam ou urinam quando sentem muito medo e fogem ou, quando estão cheios de adrenalina, lutam. Este chakra rege também a função renal.

Relações com a astrologia

Áries, Marte Energia vital primordial, poder de realização, agressividade, nascimento.
Touro Relação com a terra, estabilidade, prazer dos sentidos, posses.
Capricórnio, Saturno Estrutura, estabilidade.

Som

Música tribal, tambores, ritmos monotônicos enfáticos, sons da natureza.

Vogal

"O" (pronunciado como "ô").

Mantra

LAM

Pedras preciosas

Ágata, hematita, jaspe-de-sangue, granada, coral vermelho, rubi, quartzo enfumaçado, olho-de-tigre.

Óleos aromaterápicos

Cipreste, manjerona, mirra.

Energia equilibrada em Muladhara

Sentimo-nos seguros, amados, apoiados na terra, à vontade na família. Haverá uma profunda conexão com a terra, apreço pela natureza e sintonia com seus ciclos. É fácil atingir objetivos e existe uma certeza primordial — a de que o mundo é um lugar seguro e receptivo. Surge uma sensação de gratidão pelo que a terra nos oferece e otimismo pela sua prodigalidade.

Energia desequilibrada ou bloqueada em Muladhara

No plano físico, pode haver prisão de ventre, diarréia, hemorróidas, tremores, problemas nos pés etc.

No plano emocional, o mundo se torna um lugar amedrontador, dando a impressão de que as pessoas estão sempre prontas a nos fazer o mal. Não confiamos no apoio proveniente da terra. A atenção gira em torno do dinheiro e das posses e do medo de perdê-los. Pode haver dificuldade em demonstrar generosidade ou em receber. As pessoas tornam-se instáveis, assustadas e pouco confiáveis. Pode haver obsessão com a sujeira e os germes. As emoções podem oscilar entre a doçura e a crueldade atroz, a ponto de beirar inclusive a destrutividade e a autodestrutividade, com comportamentos excessivamente arriscados.

Indicações de desequilíbrio em Muladhara nos nove tipos do Eneagrama

Um	Quando há obsessão com a limpeza. Retentividade anal, prisão de ventre.
Dois	Quando a pessoa se torna excessivamente carente e dependente nos relacionamentos.
Três	Quando a ganância sobrepuja tudo ou a ambição leva a pessoa a desconsiderar seus semelhantes.
Quatro	Quando a pessoa se torna extremamente instável em suas emoções ou rejeita sua "tribo".
Cinco	Avareza e mesquinhez são indicações de desequilíbrio neste chakra.
Seis	Quando a regra é o medo, este chakra geralmente está em desequilíbrio.
Sete	Quando há uma total falta de temperança, de equilíbrio.
Oito	Quando a agressividade foge ao controle.
Nove	Quando a pessoa se "desliga" e perde apoio e estrutura ou se torna ansiosa no seu ponto de tensão (Seis).

Sugestões para equilibrar o Muladhara

- Ponha as mãos na terra, mesmo que seja só para cuidar de uma planta num vaso.
- Use vermelho, especialmente na roupa íntima.
- Use uma das pedras preciosas associadas a Muladhara ou coloque-a no corpo, perto do Chakra da Raiz.
- Repita o mantra LAM.
- Ouça música tribal. Aprenda a batucar.
- Ande com os pés descalços na grama.
- Cante o "O" em dó menor.
- Sente-se e veja o nascer ou o pôr-do-sol, atentando ao contato entre o cóccix e o chão.
- Abrace uma árvore.
- Antes de cada refeição, dê graças à mãe natureza por ampará-lo.
- Perfume seu quarto e suas roupas com os óleos associados a este chakra.
- Hiberne — fique em casa.
- Coma alimentos saudáveis e nutritivos, especialmente os vegetais constituídos de raízes.
- Conserte o telhado ou qualquer outra coisa na sua casa que possa lhe dar sensação de insegurança e vulnerabilidade.
- Quando sentir uma vontade espontânea de dar, siga esse instinto generoso.
- Passe algumas horas ao ar livre, em contato com a natureza.

Postura e meditação para ativar o Muladhara

As posturas sentadas ativam este chakra, principalmente se for no chão.

POSTURA SENTADA FÁCIL

1 Sente-se no chão, com uma almofada firme sob os glúteos e as costas retas. Dobre o joelho esquerdo e empurre o calcanhar esquerdo contra a virilha.

BENEFÍCIOS

- Aumenta a flexibilidade da parte interna das coxas e dos quadris.
- Ativa o Muladhara.
- Inspira a sensação de segurança e confiança.

2 Dobre o joelho direito e coloque o pé direito diante do esquerdo, cruzando as pernas.

3 Deslize um pouco para a frente na almofada de meditação, o "zafu", até que os joelhos fiquem abertos confortavelmente sobre o chão. Apóie-os em outras almofadas, se necessário. Não se sente na almofada com os joelhos levantados (ilustração da direita, acima).

4 Coloque a mão direita na esquerda, com os polegares se tocando, e relaxe os ombros. Mantenha a coluna reta.

5 Feche os olhos, respire em silêncio por alguns minutos e repita a afirmação:
Sou grato pelo amparo da Terra. Estou seguro e sem medo.

Svadisthana o chakra do sacro

sva = aquilo que é o próprio eu
dhisthana = a própria morada/a casa do eu ou doçura

Localização

No baixo-ventre, entre o umbigo e os genitais.

Finalidade

O segundo sentido de dhisthana (veja acima) fornece a melhor pista quanto à energia deste chakra, pois nele reside nossa capacidade de provar da doçura da vida, não apenas no nível animal, no ato sexual, mas por meio da criatividade em geral. Este chakra está estreitamente relacionado ao quinto, que também rege a criatividade, só que num plano mais elevado. Aqui, ela é mais primordial, mais pessoal. Svadisthana também está muito perto do primeiro chakra, sendo muitas de suas funções as mesmas.

Svadisthana ajuda-nos a florescer em nossa sexualidade e na jubilosa união com nossa própria criatividade.

Cor

Este chakra tem tom laranja vivo, que estimula a auto-estima.

Elemento

Água: o fluir das emoções, livre como o da água, e a eliminação de impurezas.

Sentido

Como você pode imaginar, é o paladar. Nossa capacidade de provar da doçura da vida, sem culpas e com muito entusiasmo.

Símbolo

Um lótus de seis pétalas. Dentro dele, uma lua crescente brilhante e a imagem de um makara (um crocodilo enroscado, que tem o rabo igual ao dos peixes).

Idade

Atinge o pico entre os 8 e os 14 anos de idade.

Relações com o corpo

Svadisthana rege a pélvis, os órgãos reprodutores, o útero, os rins e a bexiga. Além disso, rege fluidos como o sangue, o esperma, a linfa e os sucos digestivos.

Glândulas

Ovários, próstata e testículos.

Relações com a astrologia

Plutão Transformação criadora.
Lua/Câncer Receptividade, afetividade e fertilidade.
Libra/Vênus Sensualidade, criatividade e estética.
Escorpião Desejo.

Som

Música fluida, música para a dança do ventre, música para dançar a dois, música folclórica e salsa. Na natureza, os sons de pássaros cantando, água correndo e fontes.

Vogal

"O" (pronunciado como "ou"), entoado na clave de ré.

Mantra

VAM

Pedras preciosas

Calcedônia vermelha, pedra-da-lua, citrino, topázio dourado, turmalina.

Óleos aromaterápicos

Cananga (*ylang-ylang*), sândalo, jasmim, rosa e folha de laranjeira.

Energia equilibrada em Svadisthana

O arquétipo é o da criança soberana que não cessa de maravilhar-se e de ver o mundo com deleite inocente, enchendo-se de entusiasmo diante da vida e de sua beleza. A sexualidade se exprime com naturalidade e sem culpas. Os relacionamentos com o sexo oposto se processam de maneira relaxada e apropriada. As pessoas mostram-se atenciosas, abertas, gentis e amigáveis, sentindo uma profunda alegria de viver. Elas são criativas.

Energia desequilibrada ou bloqueada em Svadisthana

A expressão sexual é inibida ou imprópria e maldirecionada. Pode haver excesso de fantasias, rudeza na sexualidade ou paralisia emocional. Além disso, pode haver uma incapacidade de aceitar as reviravoltas da vida e vê-las criativamente, como parte do todo. O arquétipo é o do mártir isolado, desconfiado do mundo e cheio de insegurança e pessimismo.

No plano físico, pode haver dificuldades sexuais como impotência e frigidez, além de problemas de rins ou de bexiga, dores na coluna lombar, fibromas uterinos, cistos ovarianos e problemas de próstata.

Indicações de desequilíbrio em Svadisthana nos nove tipos do Eneagrama

Um	Quando o julgamento condena a sexualidade — o fanatismo do pudor.
Dois	Quando a martirização ganha destaque; agressividade sexual na busca do amor.
Três	Excesso de trabalho e recusa em usufruir da vida, baixa libido.
Quatro	Quando a reação de maravilhar-se diante das coisas excede os limites ou quando a criatividade é sufocada pela depressão.
Cinco	Quando há repressão da sexualidade e recusa em compartilhar as próprias emoções.
Seis	Quando o medo inibe o florescer de um relacionamento íntimo/sexual.
Sete	A negação do medo pode colocar o tipo Sete em perigo quando ele buscar um relacionamento íntimo; quando ele foge da intimidade para manter abertas todas as opções.
Oito	Quando extrema, a luxúria é uma distorção dessa energia.
Nove	Quando a negação da própria criatividade e expressão sexual em favor das do parceiro promove a frustração.

Sugestões para equilibrar o Svadisthana

- Arranje tempo para dar asas à sua criatividade da forma que mais lhe agradar.
- Conviva com o sexo oposto.
- Reconheça e aprecie os tesouros da terra.
- Passe algumas horas em contato com a natureza, especialmente perto da água: fontes, rios, cachoeiras ou mar.
- Explore a criatividade no sexo com o parceiro.
- Se for mulher, pense em como poderia expressar criativamente seu lado masculino.
- Se for homem, pense em como poderia expressar criativamente seu lado feminino.
- Use laranja, especialmente na roupa íntima.
- Cante o "O" na clave de ré.
- Repita o mantra VAM.
- Deite-se com uma das pedras preciosas associadas a Svadisthana sobre o baixo-ventre.
- Ouça a música relacionada ao chakra; entre num curso de dança para casais. Mulheres, aprendam a dança do ventre.
- Perfume seu banho com os diversos óleos associados a este chakra.
- Conviva com amigos que manifestem abertamente seu prazer de viver.

Visualização

1 Sente-se em posição confortável, mantendo a coluna reta. Se for numa cadeira, não cruze as pernas e assegure-se de que os pés estão em repouso no chão. Se quiser ficar de pernas cruzadas, sente-se numa almofada ou bloco de espuma para que seus joelhos fiquem mais relaxados e bem posicionados no chão. O ideal é uma almofada própria para a meditação, o "zafu", pois ela permite que você se sente bem na ponta da frente, fazendo os joelhos baixarem, além de ajudar a manter a coluna na posição correta (veja as ilustrações da p. 151). Concentre-se na respiração por alguns minutos.

2 Agora respire como se o ar fosse diretamente para o baixo-ventre e visualize uma luz laranja brilhar com força, projetando-se para fora da sua coluna, no nível do sacro.

3 Encha o abdômen de luz laranja e permita-se todas as sensações agradáveis que lhe ocorrerem.

4 Permaneça com a luz, respirando em silêncio, imaginando-a tornando-se mais forte a cada expiração.

5 Repita para si mesmo três vezes: *Recebo de braços abertos e aceito todas as minhas emoções. Minha vida está cheia de oportunidades criativas.*

6 Volte à respiração normal, silenciosa, e saia da meditação atentando para os sons que o rodeiam. Quando estiver pronto, abra os olhos.

Postura do yoga para estimular o Svadisthana

O GAFANHOTO — SHALABASANA

1 Deite-se de barriga para baixo, pernas juntas, queixo no colchonete, braços ao longo do corpo e mãos sob as coxas, com as palmas viradas para cima.

2 Inspire, estique os dedos dos pés e levante as pernas. Use os dedos da mão para ajudar, levantando as pernas o máximo que puder sem as dobrar nem levantar os quadris do colchonete. Mantenha a postura por alguns instantes, se possível, respirando em silêncio. Expire ao voltar à posição inicial. Repita três vezes.

3 Compense descansando um pouco, respirando silenciosamente na Postura da Criança.

BENEFÍCIOS

- Ativa o Svadisthana.
- Melhora a circulação.
- Fortalece muito a região da coluna lombar.
- Tonifica os glúteos e a parte posterior das coxas.
- Energiza o sistema nervoso.

PRECAUÇÕES

- Pratique com uma perna de cada vez, se suas costas doerem, até adquirir mais força.
- Pode deixar as pernas ligeiramente separadas se assim for mais cômodo para você.

Manipura o chakra do plexo solar

manipura = cidade das jóias

Localização

Emana para a frente de um ponto da coluna entre a décima segunda vértebra torácica e a primeira vértebra lombar, expandindo-se cerca de dois dedos acima e abaixo do umbigo.

Finalidade

Manipura controla nosso poder pessoal, nossa vontade, ajudando-nos a encontrar um ponto de equilíbrio entre a auto-afirmação tirânica e a submissão passiva, além de estabelecer nossa identidade social.

O arquétipo é o do guerreiro espiritual, que se lança com coragem ao mundo em busca de sua sorte, ao contrário do trabalhador servil, a quem essa atitude intimida.

Cor

Amarelo: estimula a confiança.

Elemento

Fogo: atrai, aquece, purifica.

Sentido

Visão: observe a relação com o fígado, que rege a visão no sistema dos Cinco Elementos.

Símbolo

Um lótus de dez pétalas, um Carneiro, conhecido pela natureza fogosa.

Idade

Entre os 14 e os 21 anos, tradicionalmente a época em que os jovens entram no mercado de trabalho e, como sabem todos os pais, têm uma grande necessidade de se impor como indivíduos.

Relações com o corpo

Sistema digestivo, fígado, vesícula biliar, baço, estômago, abdômen, coluna lombar, sistema nervoso autônomo.

Glândulas

Este chakra rege o pâncreas.

Relações com a astrologia

Leão/Sol Necessidade de reconhecimento, poder, *status*. Calor e força.

Sagitário/Júpiter Expansão, oferta de idéias ao mundo. Sabedoria.

Virgem/Mercúrio Dedicação desinteressada, capacidade de análise, conformidade. Comunicação.

Marte Energia, disposição para a ação, auto-afirmação.

Som

Música arrojada, orquestral, ou música relaxante. Cânticos tibetanos harmoniosos.

Vogal

"O" (pronunciado como "ó"), entoado na clave de mi.

Mantra

RAM

Pedras preciosas

Âmbar, olho-de-tigre, citrino e topázio amarelos, ágata, aventurina, pedra-do-sol.

Óleos aromaterápicos

Bergamota, cananga (ylang-ylang), canela, camomila, limão, timo, vetiver.

Energia equilibrada em Manipura

Sentindo-nos fortes, confiantes e seguros de nossa posição no mundo, recebemos bem os desafios e sabemos como lidar com eles. Temos por nossos semelhantes o mesmo respeito que por nós mesmos. Se houver uma relação forte entre este chakra, o Chakra da Fronte e o Chakra da Coroa, seus desejos poderão se realizar. Chamada de "Cidade das Jóias", diz-se que você pode encontrar tesouros ocultos se tiver força em Manipura. Minha interpretação é que esses são tesouros espirituais mais profundos.

As pessoas que têm equilíbrio neste chakra têm uma força tranqüila facilmente reconhecível, além de equilíbrio entre o material e o espiritual.

Energia desequilibrada ou bloqueada em Manipura

No plano físico, pode haver problemas digestivos, diabetes, úlceras, distúrbios alimentares como bulimia e anorexia ou superalimentação e estômago dilatado. Além disso, talvez haja também problemas de visão. No plano emocional, as pessoas tornam-se excessivamente dominadoras e agressivas ou apáticas, submissas e incapazes de se defender. Geralmente desanimadas, sem fogo nem entusiasmo, elas vêem obstáculos demais na vida.

Aqui o excesso de energia pode levar a uma ênfase excessiva nas coisas materiais, ao excesso de trabalho, à raiva e à tirania. A carência de energia, por sua vez, pode trazer o medo da solidão, a insegurança e a necessidade constante de reafirmação.

Costuma-se dizer que o bloqueio deste chakra impede a abertura dos chakras superiores.

Indicações de desequilíbrio em Manipura nos nove tipos do Eneagrama

Um Quando a necessidade de controle sobrepuja o resto.

Dois O hábito de ceder perante os mais fortes, abrindo mão do poder pessoal.

Três Excesso de materialismo, vontade de dominar e ausência de empatia.

Quatro Quando a pessoa se sente tão desautorizada pela sensação de falta de valor que abandona a luta.

Cinco Quando a pessoa se sente superior demais e quando se esconde do mundo.

Seis A falta de coragem e o medo de se impor no mundo.

Sete Quando há uma negação do medo e a adoção de atitudes temerárias, no intuito de demonstrar uma falsa coragem e excesso de autoconfiança.

Oito Quando a pessoa se excede na agressividade e no desejo de dominação, desequilíbrio comum no tipo Oito.

Nove A falta de energia, a incapacidade de agir e a agressividade passiva.

Sugestões para equilibrar o Manipura

- Faça uma fogueira e convide os amigos para se sentarem ao redor dela.
- Use algo — um cinto ou uma echarpe — amarelo.
- Coloque no umbigo uma gota de um dos óleos associados a este chakra. (Não tome sol com óleo de bergamota na pele.)
- Tome banhos de sol (obviamente, tomando as devidas precauções).
- Faça um curso de cântico tibetano.
- Entoe o mantra RAM.
- Cante o "O" na clave de mi.
- Pergunte-se sempre: "Como uso o poder?"
- Pense numa pessoa poderosa/humilde pela qual sinta admiração e procure imitar suas qualidades.
- Observe o nascer e o pôr-do-sol.
- Pratique a Saudação ao Sol (consulte as pp. 142-143) toda manhã antes do café.
- Deite-se e relaxe, colocando no umbigo uma das pedras preciosas associadas a este chakra.

Visualização

1 Sente-se em postura de meditação. Feche os olhos e respire em silêncio por alguns minutos, concentrando-se no subir e descer da barriga.

2 Agora imagine-se caminhando no meio de um enorme campo de girassóis, num dia de sol maravilhoso.

3 Olhe o campo à sua volta, deixando-se embeber pela visão de todos os girassóis amarelos, e desfrute do calor que acaricia seu corpo.

4 Você se detém num determinado girassol e, segurando-o delicadamente, examina-lhe com cuidado o centro, sentindo sua força e brilho se irradiarem até você.

5 Enquanto admira o girassol, você percebe uma mudança gradual que parece transformá-lo numa flor igualmente resplandecente. Desfrute dessa sensação por alguns minutos.

6 Repita a afirmação três vezes: *Sou amoroso e tenho o poder certo.*

7 Volte a se concentrar na respiração e saia da meditação atentando para os sons que o rodeiam. Quando estiver pronto, abra os olhos.

Postura do yoga para equilibrar o Manipura

O NÚMERO QUATRO TIBETANO — ARDHA PURVOTTANASANA

Esta postura é um dos cinco poderosos exercícios tibetanos para estimulação dos chakras. Repita esta afirmação enquanto o pratica: *Gosto da força tranqüila. Sou cheio de coragem.*

1 Sente-se no colchonete com as costas retas e as mãos ao lado dos quadris (com as palmas viradas para a frente ou para trás, como preferir). As pernas devem estar juntas e o queixo, ligeiramente para dentro.

BENEFÍCIOS

- Fortalece braços, mãos e pulsos, costas e pernas.
- Abre a região do abdômen e melhora a circulação.
- Atua sobre o Chakra Manipura.

PRECAUÇÕES

- A posição das mãos é muito importante. Elas devem estar exatamente ao lado dos quadris.
- Se sentir dor no pescoço ao manter a cabeça para trás, vire-a para a frente, em direção ao peito.

2 Inspire, dobre os joelhos e levante bem os quadris, mantendo as solas dos pés inteiramente no colchonete. Olhe para a frente, por cima do corpo, ou para cima, mas mantenha o pescoço em posição confortável. (O corpo deve formar uma espécie de mesa plana.)

3 Expire, voltando à posição inicial. Repita pelo menos três vezes, aumentando para cinco, sete e nove, à medida que for criando resistência.

Anahata o chakra do coração

anahata = o som que não soa

Localização

No centro do peito, projetando-se para fora entre os seios, de um ponto entre a quarta e a quinta vértebras.

Finalidade

A capacidade de expressar o amor e a compaixão é ativada por este chakra. Se usamos expressões como "do fundo do coração", "abrir o coração", "de cortar o coração", não é à toa, pois nessa área há sensações físicas perceptíveis quando temos emoções fortes, o que torna a atividade deste chakra fácil de identificar. Aqui há uma real expansão do espírito humano; para várias culturas — entre as quais a mexicana, a egípcia e a árabe — o diafragma era uma espécie de limiar entre o terreno e o celeste. Imagine o diafragma como a superfície da terra e Anahata, o sol, elevando-se sobre ela, irradiando calor. Aqui as polaridades direita e esquerda, representadas pelos braços direito e esquerdo, encontram as energias masculina/feminina dos chakras, formando o centro de uma encruzilhada.

A arte, a música, a poesia e a beleza da natureza transformam-se em sentimentos por meio da energia de Anahata. Este chakra é a sede do yoga devocional, conhecido como bhakti, que reconhece o amor divino.

Cor

Este chakra é verde, além de rosa e ouro.

Elemento

Ar: os pulmões estão na região de Anahata.

Sentido

O sentido associado a Anahata é o tato.

Símbolo

O símbolo deste chakra é um triângulo com o vértice apontando para cima superposto a outro triângulo com o vértice apontando para baixo, ambos dentro de um lótus de doze pétalas. Os dois triângulos representam a interseção entre a energia animal, mais instintiva, e as energias transpessoais dos chakras que estão acima. O animal é o cervo/antílope.

Idade

Atinge força máxima entre os 21 e o fim dos quarenta anos, quando o foco recai em dar amor e apoio emocional e prover a família de forma desinteressada.

Relações com o corpo

Coração, coluna cervical, tórax, pulmões, sangue e circulação, pele, sistema imunológico, braços e mãos.

Glândulas

O Chakra do Coração rege o timo.

Relações com a astrologia

Leão/Sol Afetividade, generosidade e sinceridade.

Libra/Vênus Contato, desejo de harmonia, profunda apreciação da beleza. Vênus rege este chakra.

Saturno Elevando-se acima do ego com amor desinteressado.

Som

Qualquer música que anime o coração: clássica, cânticos, hinos, música religiosa e outras formas do gênero.

Vogal

"A", entoado na clave de fá.

Mantra

YAM

Pedras preciosas

Quartzo rosa, turmalina bicolor (verde e rosa), kunzita, esmeralda, jade, pedra-do-sol verde, malaquita.

Óleos aromaterápicos

Rosa, bergamota, melissa, gerânio, sálvia (*Salvia sclarea*).

Energia equilibrada em Anahata

A pessoa que irradia amor e compaixão, bondade, generosidade e tolerância, cujo melhor exemplo está em Sua Santidade, o Dalai Lama. Aqueles que têm muita energia em Anahata têm a capacidade natural de curar os outros; às vezes, basta estar em sua presença para que a cura se opere. Essas pessoas têm o dom de mudar o mundo que as cerca, sendo sua vida uma expressão de amor e êxtase divinos.

Energia desequilibrada ou bloqueada em Anahata

No plano físico, pode haver problemas de coração e circulação, doenças pulmonares como asma e problemas respiratórios. O peito pode ser ou excessivamente protegido por músculos ou um tanto fundo. No plano emocional, pode haver uma série de problemas, desde a frieza e a impiedade, manifestas como impermeabilidade diante dos demais, até o comportamento mais implacavelmente egocêntrico.

As pessoas podem sentir-se desmerecedoras, dependentes, melancólicas, desejosas de dar amor, mas com medo da rejeição. Podem também dar demais, mas ter dificuldade em receber. Você pode encontrar então desde pessoas que não sabem discriminar, tão amigáveis que chegam a sufocar, a pessoas que têm dificuldade em assumir um compromisso. O amor pode ser contaminado por um excesso de possessividade. A solidão é muitas vezes um problema, e a vida pode ser vista como um poço de dor e sofrimento.

Indicações de desequilíbrio em Anahata nos nove tipos do Eneagrama

Um Quando falta compaixão, principalmente em relação a si mesmo.

Dois Quando não há equilíbrio entre o dar e o receber. Grande parte do comportamento do tipo Dois se deve a um desequilíbrio neste chakra.

Três Quando os sentimentos são renegados.

Quatro Quando há oscilações emocionais abruptas entre a depressão e o apego doentio.

Cinco Quando há distanciamento das emoções.

Seis Quando o medo bloqueia a compaixão e promove o egoísmo.

Sete Quando o interesse nos planos e nas idéias não deixa nenhum lugar para a compaixão.

Oito Quando a agressiva necessidade de poder sobrepuja tudo, levando o tipo Oito a perder a compaixão e o contato com seu lado mais ameno e afetivo.

Nove Quando o servir aos demais leva à autonegligência.

Sugestões para equilibrar o Anahata

- Pratique a compaixão. (O Dalai Lama diz que sua religião é "a prática da compaixão".)
- Aprenda a ouvir as mensagens do seu coração e a confiar nelas.
- Geralmente, nossa primeira reação é generosa — procure seguir sua primeira reação.
- Desfrute da natureza. Caminhe devagar para poder apreciar a beleza que o cerca.
- Encha seu quarto de flores cor-de-rosa.
- Fique atento ao tornar-se crítico ou desprovido de compaixão.
- Coloque algumas gotas de um dos óleos associados a este chakra entre os seios.
- Leia os poemas de Rumi.
- Ouça música que levante o ânimo e eleve o espírito.
- Dê um presente e esqueça-se do fato.
- Observe o quanto recebe das pessoas.
- Escreva cinco coisas pelas quais se sente grato ao fim de cada dia.
- Cante o "A" na clave de fá ou o mantra YAM.
- Deite-se e relaxe colocando uma das pedras preciosas associadas a Anahata entre os seios.

Meditação/visualização

1 Ajoelhe-se no chão, mantendo a coluna reta, os olhos fechados e as mãos sobre as coxas. (Você pode colocar uma almofada sob os glúteos, se quiser.) Relaxe os ombros e concentre-se na respiração. Fique assim por vários minutos até ficar totalmente relaxado e concentrado.

2 Em seguida, imagine um ente querido que precisa de cura. Imagine essa pessoa ajoelhada à sua frente e, entre você e ela, uma linha de luz dourada sobre o chão.

3 Agora imagine essa luz saindo pelas costas de ambos e unindo-se no infinito, criando um triângulo.

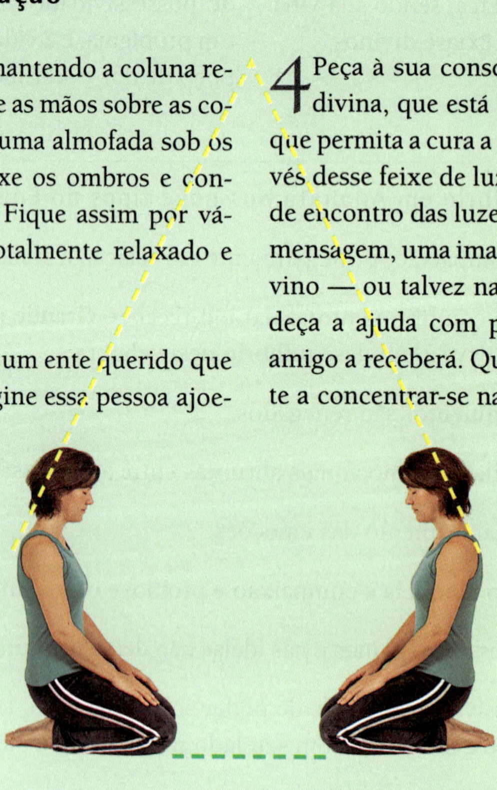

4 Peça à sua consciência superior, ou força divina, que está nesse ponto (no infinito) que permita a cura a essa pessoa e envie-a através desse feixe de luz ao ser amado. No ponto de encontro das luzes, talvez você receba uma mensagem, uma imagem — um guia ou ser divino — ou talvez nada... Seja como for, agradeça a ajuda com plena certeza de que seu amigo a receberá. Quando estiver pronto, volte a concentrar-se na respiração e saia da meditação atentando aos sons que o rodeiam. Abra os olhos.

Postura do yoga para equilibrar o Anahata
ASAS DE ANJO

BENEFÍCIOS

- Tonifica e alonga o peito e a coluna cervical.
- Melhora a postura.
- Abre o Chakra do Coração.

1 Fique de pé com a coluna reta e os pés alinhados na mesma largura dos quadris. Inspire elevando os braços até a altura dos ombros.

2 Expire. Em seguida, ao voltar a inspirar, estique os braços para baixo sem dobrar os ombros, tentando juntar as escápulas. Levante o queixo e jogue o peito para a frente, sentindo-o expandir-se.

3 Expire levando os braços à frente até as mãos se tocarem, curvando um pouco a coluna e contraindo os músculos do peito. Repita várias vezes: braços para trás ao inspirar, para a frente ao expirar, finalizando a expiração ao baixar os braços.

Vishuddha o chakra da garganta

vishuddha = purificar

Localização
Alinhado entre a terceira vértebra cervical e o pomo-de-adão, na base do pescoço.

Finalidade
Este chakra rege a comunicação, nossa capacidade de expressar a essência ou espírito interior com clareza e segurança. Vishuddha nos fornece acesso à inspiração divina: instilando-nos uma confiança inabalável na verdadeira voz interior, permite-nos ser orientados por ela e alcançar uma compreensão mais profunda da vida. Neste ponto, temos a oportunidade de conhecer informações provenientes de esferas mais sutis e dimensões superiores. Conscientizamo-nos de nossa missão na vida e podemos distinguir as funções de energias inferiores das de energias superiores, adquirindo o dom da discriminação. Estreitamente ligado ao Chakra do Sacro, Svadisthana, este chakra também rege a criatividade, só que num nível mais espiritual.

Cor
Azul-turquesa claro, prateado, como o luar acariciando a água.

Elemento
Éter: o elemento deste chakra é o éter, ou seja, akasha ou luz astral.

Sentido
O sentido associado a este chakra é a audição.

Símbolo
Um lótus de dezesseis pétalas. Dentro dele, um triângulo que aponta para baixo. O animal é um elefante alvíssimo, só que este não porta coleira.

Idade
Atinge o pico na meia-idade, a partir do fim dos 40 anos, quando muitas pessoas sentem-se compelidas a expressar seu eu mais profundo de maneira criativa.

Relações com o corpo
Pescoço, tireóide, mandíbula, orelhas, cordas vocais e voz, traquéia, brônquios, parte superior dos pulmões, esôfago, braços, nuca, nariz e dentes.

Glândulas
Tireóide.

Relações com a astrologia
Gêmeos/Mercúrio Troca de idéias, conhecimentos e experiências. Regido por Mercúrio.
Marte Ativação da auto-expressão.
Touro/Vênus Sensibilidade à forma e ao espaço.
Aquário/Urano Independência e inspiração divina.

Som
Mantras e cânticos em geral (gregorianos, *taissé* etc.).

Vogal
"E" (pronunciado como "ê"), entoado na clave de sol.

Mantra
HAM

Pedras preciosas
Água-marinha, turquesa, calcedônia, celestita, sodalita, safira azul-clara.

Óleos aromaterápicos

Sálvia, eucalipto, lavanda, sândalo, néroli, camomila, mirra.

Energia equilibrada em Vishuddha

Conseguimos nos expressar com clareza, partindo de uma verdade interior, e revelar com honestidade não só nossos pontos fortes, como também os fracos, o que é importante. Sabemos calar quando chega a hora e falar claramente quando isso é necessário. A comunicação falada e escrita mostra-se inspirada e cheia de imaginação. Independente e autêntica, ela não contém juízos nem preconceitos. (A capacidade de dizer "Não" se fortalece em Vishuddha.) Quando a energia é forte aqui, há uma grande alegria e uma profunda sensação de integridade. A telepatia se torna uma ocorrência comum.

Energia desequilibrada ou bloqueada em Vishuddha

Os problemas surgem da falta de comunicação entre a mente e o corpo. Pode haver atos irrefletidos, dificuldade na expressão dos sentimentos ou sua completa negação. O falar pode mostrar-se ríspido, impessoal e desprovido de emoção, em tom alto ou baixo demais. Pode haver uma torrente de palavras, na tentativa de encobrir os verdadeiros sentimentos, ou silêncio, quando se teme um julgamento. A criatividade pode ser bloqueada.

No plano físico, pode haver problemas de garganta — inflamações, gânglios e desequilíbrios da tireóide. Além disso, pode haver dores de pescoço, problemas auditivos, como zumbidos, ou respiratórios, como bronquite ou asma. Os resfriados muitas vezes são uma manifestação de perturbação na energia deste chakra.

Indicações de desequilíbrio em Vishuddha nos nove tipos do Eneagrama

Um	Quando o tipo Um julga as pessoas com excesso de severidade e crítica.
Dois	O hábito do tipo Dois de mudar o que ia dizer já no meio da frase quando percebe que a recepção não está sendo muito boa. Incapacidade de expressar as próprias necessidades.
Três	Expressão impessoal, "comercial", desprovida de sentimentos. Incapacidade de ouvir a voz interior quando ela manda desacelerar o ritmo.
Quatro	Quando a sensação é de desmerecimento, de que as próprias idéias e a própria criatividade não valem nada.
Cinco	Incapacidade de verbalizar os sentimentos.
Seis	Explosões com as pessoas — o ataque como meio de defesa.
Sete	A torrente de palavras que impede que os outros participem da troca.
Oito	Incapacidade de escutar as idéias dos outros, tentando impor apenas as próprias.
Nove	Quando o tipo Nove não consegue verbalizar as próprias necessidades ou deixa de tomar a iniciativa para expressar sua criatividade.

Sugestões para equilibrar o Vishuddha

- Escute regularmente sua voz interior. Se você lhe der ouvidos, ela falará mais alto.
- Arranje tempo para refletir quando essa voz se fizer ouvir.
- Deite-se na grama e contemple o éter admirando o céu azul.
- Use azul-turquesa — especialmente em volta do pescoço — numa echarpe, lenço ou colar.
- Admire o luar refletido na água.
- Coma frutas e alimentos puros, purificadores.
- Depois de uma festa, reflita sobre o que disse e como o disse.
- Atente para o tom de sua voz e veja se precisa entoá-la de outra forma.
- Observe se tem alguma limitação na área do pescoço e garganta. Alongue a nuca empurrando o queixo contra o peito de vez em quando, algumas vezes ao dia.
- Dedique-se a um *hobby* que lhe permita exprimir o lado mais espiritual de sua criatividade.
- Diga o que pensa.
- Da próxima vez que sua garganta se inflamar, pergunte-se: "O que é que eu estou evitando dizer a alguém?"
- Procure falar com o coração e observe como o que você diz é recebido pelas pessoas.

Meditação

1 Sente-se em posição confortável, mantendo a coluna reta, e alongue a nuca. Ponha as mãos no colo, uma sobre a outra, com os polegares se tocando.

2 Preste atenção à respiração, sem a alterar nem forçar.

3 Conscientize-se do ar fresco que entra pelas narinas quando você inspira e do ar morno que sai pela boca quando você expira. Concentre-se nisso por alguns minutos.

4 Agora preste atenção à respiração à medida que o ar desce pelas vias aéreas e, sem a alterar nem forçar, observe o leve som que ela produz. Permaneça concentrado nisso por vários minutos.

5 Quando estiver completamente relaxado, deixe de lado a respiração e escute simplesmente cada som que puder, sem expectativas. Depois de alguns minutos, talvez você perceba um ruído constante, um som de fundo que, de outra forma, é imperceptível. Esse som, que os yogues chamam de *nadam*, é o som da vibração de suas próprias células. Concentre-se nele. Quando sua mente divagar, traga-a de volta a *nadam* suavemente. Mantenha-se concentrado nesse som pelo tempo que puder.

6 Quando estiver pronto para sair da meditação, imagine uma luz azul-turquesa na sua garganta e repita a afirmação: *Confio na minha voz interior e digo a verdade com clareza.* Abra os olhos quando estiver pronto.

Postura do yoga para ativar o Vishuddha

O PEIXE — MATSYASANA

1 Sente-se no colchonete com as pernas juntas, estendidas diante de você. Incline-se para trás, colocando primeiro um cotovelo, depois o outro no colchonete.

BENEFÍCIOS

- Melhora a postura.
- Reduz as rugas.
- Beneficia a tireóide.
- Libera bloqueios no Chakra Vishuddha.

PRECAUÇÕES

- Se preferir, coloque uma almofada sob a cabeça.

2 Inspire arqueando as costas e baixando o cocuruto até o chão. (Use uma almofada se o pescoço incomodar muito.) Mantenha a postura por alguns instantes, respirando em silêncio. Faça a afirmação: *Confio na minha voz interior e digo a verdade com clareza.*

3 Se puder passar à etapa seguinte, arqueie ainda mais as costas, tirando os cotovelos do colchonete e colocando as mãos nas coxas ou em posição de oração sobre o peito. Seu corpo ficará apoiado no cocuruto e nos glúteos. Conte até 10 nessa posição, se puder, respirando silenciosamente.

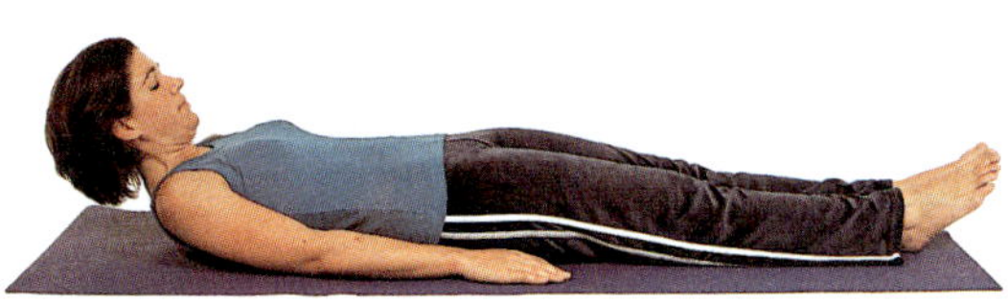

4 Deslize a cabeça pelo colchonete e alongue-se o máximo que puder para finalizar. Compense levantando a cabeça do colchonete e olhando para os pés. Relaxe.

Ajna o chakra da fronte

ajna = perceber ou saber

Localização
Ligeiramente acima das sobrancelhas, projetando-se para cima.

Finalidade
Além de controlar nossa capacidade de ver num nível mais profundo, este poderoso centro rege a intuição, sendo muitas vezes chamado de "terceiro olho". O que a fala é para o centro da garganta, a visão é para o centro da fronte: ele é o domínio do que "vê", do sábio que, guiado por um mestre interior, é dotado de uma sabedoria que vai além do normal. Este chakra aumenta os poderes de visualização e a espiritualidade.

Cor
Índigo, por vezes com nuances de amarelo ou violeta.

Elemento
Não existe nenhum elemento terreno associado a este chakra, mas ele pode ser relacionado à luz.

Sentido
Todos os sentidos podem associar-se a este chakra, mas em especial a percepção extra-sensorial.

Símbolo
Um lótus de duas pétalas de cada lado de um círculo dentro do qual há um triângulo que aponta para baixo. Dentro dele, o símbolo do OM. As pétalas representam as asas da transcendência ou as duas cabeças serpentiformes de Ida e Pingala, unindo os princípios masculino e feminino.

Idade
Não se aplica a este chakra.

Relações com o corpo
Olhos, base do crânio, rosto, nariz, sínus da face, cerebelo e sistema nervoso central.

Glândulas
Segundo a maioria, a pituitária, mas já se demonstrou também uma relação com a glândula pineal.

Relações com a astrologia
Netuno Regido por Netuno, devido à sua associação com as verdades interiores, a imaginação e a devoção.
Mercúrio Para o controle do intelecto.
Sagitário/Júpiter Ensinamentos holísticos e conexões com verdades interiores expandidas.
Aquário/Urano Inspiração divina e lampejos de intuição.
Peixes/Netuno Imaginação, intuição e revelação através da devoção.

Som
Qualquer música que abra e expanda a mente, em geral a música clássica.

Vogal
"I", entoado na clave de lá.

Mantra
OM

Pedras preciosas
Ametista, apatita roxa, azurita, calcita, safira, fluorita, lápis-lazúli, opala.

Óleos aromaterápicos

Jacinto, violeta, rosa, gerânio, jasmim, vetiver, manjericão, patchuli, alecrim, hortelã.

Energia equilibrada em Ajna

Ganhamos uma compreensão além do normal, uma sensação de harmonia com o mundo e uma profunda espiritualidade. A introspecção passa a fazer parte da vida e temos lampejos de intuição — aqueles momentos de revelação em que sabemos com certeza qual a verdade mística de uma determinada situação. Essas intuições provêm de uma fonte superior e são absolutamente confiáveis, não estando relacionadas ao plano material.

Para a maioria das pessoas, a inspiração desse centro surge apenas em lampejos, fugazes experiências ocasionais, só se transformando numa percepção subjacente constante por meio da prática regular e a longo prazo da meditação, do yoga ou da espiritualidade. O clarividente (aquele que vê com clareza) ou médium têm uma força excepcional neste centro, às vezes utilizada na cura a distância.

Energia desequilibrada ou bloqueada em Ajna

A pessoa se fecha no mundo do intelecto, tornando-se um racionalista que, de tanta autoridade no campo, chega às raias da arrogância intelectual. Há pouca ou nenhuma reflexão, e a vida se enche de desejos materiais em detrimento da espiritualidade, levando à sensação de isolamento do mundo, de vazio.

No plano físico, pode haver pesadelos, dores de cabeça, dificuldade de aprendizagem, problemas de visão, distúrbios neurológicos e glaucoma.

Indicações de desequilíbrio em Ajna nos nove tipos do Eneagrama

Um	Quando a luta pela perfeição no plano material enfatiza o racional em detrimento do espiritual. Dureza na autocrítica e recusa da orientação espiritual.
Dois	Quando, na luta do tipo Dois pela aceitação, em vez de "ser", o tempo é empregado em "fazer", permitindo pouca introspecção positiva.
Três	Quando a ênfase recai exclusivamente no plano material e, como no caso do tipo Dois, privilegia o "fazer" em vez do "ser". Irreflexão.
Quatro	Quando há muita ênfase na imagem e na competitividade em detrimento da espiritualidade. Também quando as emoções são "amplificadas" e a capacidade de reflexão é abandonada.
Cinco	Peso excessivo no intelecto, dando precedência à racionalização.
Seis	Quando o medo impede a confiança na verdadeira natureza das coisas; quando o intelecto é supervalorizado.
Sete	Ação constante impedindo a reflexão. A superficialidade, quando o tipo Sete tenta fazer muitas coisas ao mesmo tempo.
Oito	Outro tipo ativo que pode deixar de priorizar a tranqüilidade e a reflexão.
Nove	Quando o tipo Nove negligencia as próprias necessidades espirituais em favor das dos outros e se desvia de suas próprias intenções e objetivos mais íntimos. Ou quando fica preso na introspecção, ruminando as coisas.

Sugestões para equilibrar o Ajna

- Arranje tempo para ficar só e poder refletir tranqüilamente.
- Veja o céu estrelado.
- Conscientize-se de suas intuições registrando-as num caderno especial. Observe seu efeito, precisão e tempo de materialização.
- Preste atenção às coincidências e tome nota delas.
- Cante o "I" na clave de lá ou repita o mantra OM.
- Ponha uma gota de um dos óleos associados a este chakra na testa quando for meditar.
- Use a cor índigo ou admire-a numa das pedras preciosas associadas a Ajna.
- Passe a mão num canteiro de hortelã e inspire profundamente seu perfume.
- Use regularmente a energia de Ajna pedindo orientação a seu eu superior e confie nas respostas que obtiver.
- Pratique a meditação diariamente.

Meditação

1 Sente-se confortavelmente na sua posição de meditação e concentre-se na respiração silenciosa por alguns minutos.

2 Quando estiver profundamente relaxado, inspire contraindo os músculos do períneo (na área do Chakra da Raiz, Muladhara), e sinta-se como se estivesse absorvendo energia diretamente dali para o Chakra Ajna.

3 Ao expirar, relaxe os músculos do períneo e imagine que está irradiando luz índigo através do Chakra Ajna.

4 Continue assim por vários minutos. (Talvez você tenha uma sensação de calor ou de formigamento no períneo que pode se expandir gradualmente até a testa.)

5 Saia da meditação como de hábito, respirando silenciosamente e escutando os sons que o rodeiam. Dedique as revelações que porventura tiver ao bem maior da humanidade e de toda a criação.

Exercício Pranayama

RESPIRAÇÃO COM ALTERNÂNCIA DE NARINAS

1 Coloque o dedo médio da mão direita no Chakra Ajna e respire lentamente por ambas as narinas. Faça isso cinco vezes e então pare e conte até 5.

2 Agora inspire por ambas as narinas. Então feche a narina direita com o polegar e expire pela narina esquerda contando até 5.

3 Inspire pela narina esquerda contando até 5, feche-a com o dedo anular, retire o polegar e expire pela narina direita contando até 5 enquanto mantém a esquerda fechada. Prenda a respiração e conte até 5.

4 Inicie o ciclo mais uma vez, inspirando pela narina direita. Mantenha o ritmo por alguns minutos, inspirando e expirando alternadamente por cada uma das narinas.

5 Relaxe a mão colocando-a no colo e respire normalmente por ambas as narinas durante alguns minutos, usufruindo da sensação de clareza e frescor na cabeça.

6 Termine repetindo: *Minha mente é clara; confio na minha intuição.*

BENEFÍCIOS

- Limpa a cabeça e as narinas.
- Equilibra as funções dos hemisférios direito e esquerdo do cérebro.
- Ativa o Chakra Ajna.

PRECAUÇÕES

- Pare caso sinta tontura.
- Assoe bem o nariz antes de começar.

Sahasrara o chakra da coroa

sahasrara = aquilo que é mil vezes

Localização
No alto da cabeça (cocuruto) ou ligeiramente acima, projetando-se para cima.

Finalidade
A fusão entre o eu e o universo a ponto de fazer desaparecer a distinção entre "eu" e "você". Muito pouco foi escrito sobre este chakra porque só os realmente iluminados o conhecem, e seus atributos — entre os quais afirma-se estarem o brilho de dezenas de milhões de sóis e o frescor de dezenas de milhões de luas — estão além da imaginação. Quando este chakra se abre, a expansão da percepção ultrapassa qualquer descrição; o conhecimento se torna vasto e ilimitado, ficando acima das palavras ou do intelecto. Isso, que muitas vezes é incorretamente interpretado de maneira niilista, alude à percepção da suprema natureza dos fenômenos. Trata-se de um conceito extremamente difícil, que requer muita sabedoria e introvisão penetrante, além de uma vida vivida com devoção, segundo os preceitos da ética.

Cor
Violeta, mas também ouro e branco.

Elemento
Não se aplica a este chakra.

Sentido
Não se aplica a este chakra.

Símbolo
Um lótus branco de mil pétalas. O símbolo do Om.

Idade
Não se aplica a este chakra.

Relações com o corpo
Córtex cerebral, cérebro, pele e todo o corpo.

Glândulas
A glândula pineal.

Relações com a astrologia
Urano Regido por Urano.
Capricórnio/Saturno Foco no íntimo, concentração no divino.
Peixes/Netuno Devoção, união com o divino, dissolução dos limites.

Som
Silêncio.

Vogal
O "m" sânscrito, entoado na clave de si.

Mantra
Não se aplica a este chakra.

Pedras preciosas
Quartzo transparente, ametista, diamante, jade branco, turmalina branca, quartzo leitoso, cristal de quartzo (diamante de Herkimer), alexandrita, safira.

Óleos aromaterápicos
Lavanda, incenso (*frankincense*, *olibanum*), pau-rosa (*rosewood*), lótus.

Energia equilibrada em Sahasrara
Quando a energia deste chakra está equilibrada, a pessoa é sensível aos estados mentais

alheios e próprios. No plano físico, elas se mostram saudáveis e no controle de suas emoções, vivendo uma ligação mais profunda com seus semelhantes. A mente se liberta do apego e surgem muitas revelações. Quando ela age, a ação é apropriada e atinge os objetivos desejados. Há continuidade na relação entre o mundano e o espiritual, e a clarividência é acentuada. Livre em pensamento, essa pessoa é uma iluminada que vive no mundo em estado de graça: com devoção e espiritualidade e sem egoísmo.

Energia desequilibrada ou bloqueada em Sahasrara

Quando a energia deste chakra sofre bloqueios ou entra em desequilíbrio, pode prevalecer a alienação, assim como a depressão e os pensamentos obsessivos. Além disso, pode haver muita confusão, egocentrismo, egoísmo e incapacidade de libertar-se da ansiedade e do medo. Devido à incapacidade de imaginar a união cósmica, muitas vezes há uma sensação intrínseca de insatisfação.

No plano físico, pode haver excesso de sensibilidade à poluição, exaustão crônica, epilepsia ou mal de Alzheimer.

Indicações de desequilíbrio em Sahasrara nos nove tipos do Eneagrama

Não me sinto à vontade para especular sobre os efeitos específicos para os nove tipos do Eneagrama quando surgirem problemas na energia deste chakra. Leia a seção “Energia desequilibrada ou bloqueada em Sahasrara” acima para ter uma idéia de como os tipos podem ser afetados.

Sugestões para equilibrar o Sahasrara

- Dedique boa parte do seu tempo ao silêncio.
- Viva sua vida com ética, dando a seus semelhantes e ao planeta a devida consideração.
- Medite regularmente, queimando incenso ou usando um dos óleos aromáticos associados a este chakra.
- Contemple lírios brancos ou uma das pedras preciosas associadas a Sahasrara.
- Livre-se de todas as idéias e pensamentos limitantes que possa ter.
- Passe algum tempo no alto de uma montanha, observando tranqüilamente o mundo ao seu redor.
- Procure dedicar algum tempo ao contato com a natureza.

Postura do yoga para ativar o Sahasrara

A LEBRE — SASANGASANA

A postura normalmente recomendada para este chakra é de cabeça para baixo. Porém como a maioria das pessoas não agüenta ficar apoiada só no pescoço — além do que, essa postura deve ser praticada apenas por yogues experientes e aprendida com um professor —, ofereço-lhe a Lebre como uma excelente alternativa.

BENEFÍCIOS

- Contrabalança a força da gravidade.
- Melhora o aspecto.
- Irriga o cérebro e as glândulas pituitária e tireóide com sangue recém-oxigenado.
- Ativa o Sahasrara.

PRECAUÇÕES

- Se tiver pressão alta, nunca coloque a cabeça em posição mais baixa que o coração.
- Consulte primeiro seu médico/osteopata para certificar-se de que seu pescoço suporta o exercício.
- Não esqueça de descansar alguns instantes na Postura da Criança para finalizar.

1 Inicie a postura num colchonete, no chão, com a Postura da Criança.

2 Em seguida, coloque as mãos no chão, uma ao lado de cada joelho. Inspire levantando os glúteos e transferindo o peso para o cocuruto. Expire.

3 Junte as mãos por trás das costas e levante-as o máximo possível, sentindo a contração das escápulas. Respire em silêncio, mantendo a postura enquanto conseguir. Repita a afirmação: *Abro-me para o universo. Não existem limitações.* Expire quando estiver pronto para sair da postura e volte à Postura da Criança. Permaneça nessa posição por alguns minutos, respirando silenciosamente antes de levantar-se.

Meditação/visualização

1 Sente-se em posição confortável, com as pernas cruzadas: joelhos no chão, coluna reta, pescoço alongado, ombros relaxados. Respire silenciosamente.

2 Visualize uma luz violeta emanando do alto da sua cabeça e projetando-se para cima, ficando mais forte a cada vez que você respira.

3 Agora imagine um botão de flor de lótus, branco e bem fechado, bem no alto da sua cabeça.

4 Enquanto continua respirando silenciosamente, visualize o botão de lótus, resplandecendo sob a luz violeta, abrindo-se gradualmente em mil pétalas até formar uma coroa sobre sua cabeça.

5 Enquanto você se concentra nessa coroa de pétalas, ela começa a irradiar uma luz dourada para o universo. Fique com essa luz que o liga ao universo até sentir que está pronto para sair da meditação.

Conclusão

Espero que você tenha desfrutado comigo dessa jornada através das camadas que compõem nosso ser, desde o tipo do Eneagrama até os chakras, passando pelos elementos e pelas posturas de yoga e a maneira como influem sobre nossas emoções. O final deste livro, com o Chakra da Coroa, é bem apropriado. Desejo-lhe prazer e muitas revelações na sua jornada pela vida — vá com calma e saiba que não está sozinho. No mínimo, pode ter certeza de que todas as pessoas que pertencerem ao mesmo tipo do Eneagrama que você compartilharão de suas lutas e compreenderão exatamente como você se sente.

Que você fique bem
Que seja feliz
Que se encha de amor e compaixão.

Agradecimentos

Gostaria de agradecer às pessoas abaixo pela ajuda, pelos excelentes comentários e sugestões dos representantes do tipo Nove, que conferiram se eu havia mostrado com propriedade seus pontos de vista e me contaram suas histórias, e pelo apoio técnico e moral:

Jo Godfrey Wood, Peggy Sadler, Jonathan Hilton e Camilla Davis, da Gaia; Elizabeth Haylett, da Society of Authors; Rosi Thomas, Howard Koolman, Tim Holland, Josephine Seccombe, Anne Binney, Renate Hering, Liz Stewart, Graham Paul, Brian Low, Isabel Perkins, Stella Barnes, Eric Salmon, Ebba From. Mary Masters, Jane Coerts, Michael Healy, Anna e Phil Butcher, Anne Gleeson, Ann Houghton, Louise Webster, Sarah e David Beanland, Nick e Maggie Kaye, Debby Leek, Colette Lyons, Maxine Christopher, Helena McEwen, Gill Edwards, Roy Whenary, Paul e Rosemary Cowan, Janet Swan e Elizabeth Skinner. E, por último, mas não por isso menos importante, minha família: Owen Elias, Diana Van Meesbergen, Frank e Megan Elias-Bussink, pelo incentivo, e a pequena Nina Bussink, por me fazer pisar nas poças d'água com ela quando terminei de escrever.

Créditos das ilustrações

Fotografias das páginas:
20 © Corbis/LWA — Stephen Welstead;
28 © Corbis/Philip Harvey;
36 © Getty Images/Taxi/Sebastien Starr;
44 © Getty Images/Taxi/Peter Beavis;
52 © Corbis/George Shelley;
60 © Getty Images/Image Bank/Romilly Lockyer;
68 © Corbis/John Feingersh;
76 © Corbis/Tom e Dee Ann McCarthy;
84 © Getty Images/Taxi/Bruce Laurance.

Para obter informações sobre o Eneagrama de Mary e apresentações e *workshops* itinerantes, visite www.enneagramforthespirit.co.uk

O editor gostaria de agradecer ainda a Charlotte Medlicott (modelo).